DEM ANDENKEN MEINES

Ur-Ur-Urgroßvaters Franz Xaver Kretz, kgl. Gärtner zu München,

Ur-Urgroßvaters Franz Xaver Kretz, kgl. Gärtner zu München,

Urgroßvaters Franz Xaver Krätz, Kunstgärtnereibesitzer zu Juros, Ungarn*.

*Von der einstigen Gärtnerei in Ungarn blieben nichts als die Erinnerung und der Umlaut im Namen.

OTTO KRÄTZ

Gartengeflüster

Pikantes und Unterhaltsames
aus der Geschichte der Gärten

Callwey

INHALT

Viel Glück im neuen Jahre

Das Unkraut

5

„IN FREIHEIT MIT BLUMEN, BÜCHERN UND DEM MOND – WER KÖNNTE DA NICHT GLÜCKLICH SEIN?"

So beschrieb Oscar Wilde seine Vorstellung vom Leben im Garten und warf damit die Frage auf: Welche Rolle spielt der Garten im Seelenleben seiner Besitzer? Zum einen ist er meist viel mehr als nur eine Ansammlung schöner Blumen. Er bietet den gequälten Seelen seiner Besitzer Zuflucht und Schutz. Betrachten wir einige Beispiele:

Tiefe Vereinsamung, ja Verzweiflung prägte das in düsteren Zeitläufen verfasste berühmte Gedicht Hermann Hesses *Im Nebel*:

*„Voll von Freunden war mir die Welt,
als noch mein Leben licht war.
Nun, da der Nebel fällt,
ist keiner mehr sichtbar."*

Zwar stimmt es nicht ganz, dass schon in den ersten Monaten des „Tausendjährigen Reiches" alle Freunde Hesses verschwunden gewesen wären. Doch litt er schwer an den über Europa aufgezogenen Gewitterwolken: „Seit 3 Monaten kommt beständig ein Teil des Elends aus Deutschland zu mir, durch Briefe, durch Sorgen, durch Gäste und Besuche, es wimmelt von Emigranten und Flüchtlingen. Alle sind teils moralisch, teils materiell in bitterer Not." Doch ein guter Freund war Hesse geblieben: „Im Übrigen bin ich nicht ungern der Sklave meines Gartens, wo ich samt meiner Frau fast jede freie Stunde arbeite … mitten in alledem, was die Menschen heute tun, fühlen, denken, schwatzen, ist es das Klügste und Wohltuendste, was man tun kann." Hermann Hesse sah in seinem Garten ein Bollwerk gegen den drohend nahenden Zweiten Weltkrieg:

„Dafür habe ich meinen … Tessiner Garten mit Reben, Gemüse, etwas Blumen, dort bringe ich im Sommer die halben Tage zu, habe ein Feuerchen brennen und knie in den Beeten …"

Ähnlich erging es Thomas Mann nach seiner Emigration in die USA. 1940 war seine Stimmung äußerst düster: „Die Freunde fallen. Die Wüste wächst."
Wenn ihn auch die ferne Existenz der Kämpfe oft ängstigte, sein kalifornischer Garten bedeutete ihm Trost und Erholung. Im Gegensatz zu Hermann Hesse finden sich bei ihm keinerlei Hinweise auf schweißtreibende Gartenarbeit. Diese überließ er Familie und Personal. Der Dichter dagegen – der Empfehlung Oscar Wildes folgend – genoss lesend die Ruhe. Sein Tagebuch vermerkt am 25.7.1940:
„Nach dem Lunch … im Garten. Stevenson gelesen."
Oder am 10.7.1942: „Nach dem Tee mit Faust auf meiner Bank im Gartenwinkel gesessen."
Am 10.3.1942: „Dann im Garten am Steinplatz in der Odyssee."
Thomas Mann liebte seinen Garten. Am 3.12.43 schrieb er nach einer Vortragsreise: „Glückliche Heimfahrt … Der Garten nicht vernachlässigt … Haus und Landschaft eine Freude."

Der große Birnbaum

Um 1900 versammelt Louisa, Herzogin von Abercorn, ihre 103 leiblichen Nach-
kommen auf Rasen und Freitreppe von *Montagu House*. Die alte Dame ist in
Schwarz in der Mitte ihrer Familie zu sehen. Die jungen Damen tragen Weiß, die
Herren Schwarz, aber man beachte den Außenseiter im hellen Anzug am linken
Rand. Das schwarze Schaf der Familie?

Nicht nur Gegner des Dritten Reichs flohen in den Schutz ihrer Gärten. Selbst ein Wegbereiter des italienischen Faschismus wie Gabriele D'Annunzio, fruchtbarer und furchtbarer Dichter der symbolistischen Décadence und der überschäumenden Sinnlichkeit, musste im Alter erleben, dass sein Weltbild mit dem Benito Mussolinis nicht wirklich übereinstimmte. Thomas Mann mochte ihn nicht und nannte ihn „einen eitlen, rauschsüchtigen Künstlernarren". D'Annunzio hatte 1921 geschickt seinen literarischen und militärischen Ruhm genutzt, um mit Unterstützung des italienischen Staats am Gardasee die Villa eines enteigneten deutschen Kunsthistorikers zu erwerben, die in einem riesigen, mit Zypressen, Oliven und Zitronenbäumen bepflanzten Garten stand. Er nannte das Anwesen „Il Vittoriale degli Italiani". Der Name war Programm. Den Garten – eigentlich ein Park – schmückte er mit einer Unzahl von Säulen, Marmortafeln und Denkmälern, die an Schlachten des Ersten Weltkriegs und an Heldentaten des Dichters erinnern sollten. Besonders auffällig waren Bug und Kommandobrücke des Kanonenboots „Puglia", die „il Comandante" in seinen Park einbauen ließ. Auf uns Nachgeborene wirkt „Il Vittoriale" äußerst befremdlich, doch gilt der Park als das Beispiel schlechthin für einen Garten, dessen ausschließlicher Zweck es war, einem pittoresken Darsteller seiner selbst als überzogene Bühne für eine Selbstinszenierung zu dienen. Der vereinsamte Dichter hauste in seinem eigenen Kriegerdenkmal: D'Annunzio in der Rolle von D'Annunzio.

Im Übrigen kamen dergleichen Verrücktheiten durchaus öfter vor. In der Mitte des 19. Jahrhunderts setzte der britische Konteradmiral und Polarforscher Sir John Ross – nach ihm und seinem Vater ist das Rossmeer vor der Antarktis benannt – im schottischen Stranraer sich und seinen vergeblichen Bemühungen, die Nord-West-Passage zu durchsegeln, mit seinem „North West Castle Hotel" – „Hotel" im Sinne von Palais – ein äußerst seltsames Denkmal. Er „verschönerte" seinen Besitz durch eine befremdliche Kombination von einem gleichsam im Garten gestrandeten großen Segelkriegsschiff mit einer neugotischen Villa – „but didn't completely succeed!", wie die architekturhistorische Fachliteratur verschämt vermeldet.

Gartenbesitzern, die wirklich die Abgeschiedenheit suchen, gilt der einzigartige Rat von Vita Sackville-West, den Garten mit einer möglichst dichten immergrünen Dornenhecke zu umgeben, unterbrochen von zwar ebenfalls dornenreichen, aber immerhin im Frühling blühenden Heckenrosen und Brombeeren sowie mit im Herbst mit leuchtend roten Beeren prunkendem Ilex – in Wahrheit ein zu bestimmten Jahreszeiten scheinbar, aber eben nur scheinbar freundlich wirkender, undurchdringlicher und undurchsichtiger Stacheldrahtverhau.

Doch kann man auf der Bühne seines Gartens für sich selbst manche überraschende Rolle finden. Louisa, Herzogin von Abercorn, liebte es um 1900, auf der weiten Grünfläche, der großen Terrasse und der riesigen Freitreppe von *Montagu House* bei Familienfesten ihre 103 (!) leiblichen Nachkommen zu einem Gruppenfoto zu versammeln und so ihre feminine biologische Vitalität und gleichzeitig ihre Wohlhabenheit eindrucksvoll zur Schau zu stellen. Denn bei *Montagu House* handelt es sich um ein typisch englisches Understatement, kein Haus, sondern ein Schloss von gigantischen Dimensionen. Ein riesiger Garten mit gepflegtem Rasen, ein gewaltiger Herrensitz und die kaum zu zählende Nachkommenschaft – wer kann, der kann!

Der Garten als Bühne, der Garten als Rückzugsort – ist kein Phänomen des 20. Jahrhunderts. Schon seit Jahrhunderten bietet jeder Garten einen Schauplatz für die menschliche Komödie – wie die folgenden Seiten lehren.

PVTREFACTIO

F.   **IV.**

Aqua

Nicht nur Hexen, auch Bierbrauer kultivierten
in ihren Gärten giftige Pflanzen mit psychodelischer
Wirkung wie Bilsenkraut, Taumellolch und
Teufelstrompete.

Mittelalterliche Alchemisten pflegten die
„Chymische Hochzeit", den Höhepunkt
bei der Herstellung des Steins der Weisen,
umgeben von Blumen darzustellen.

Tafel 11.

„Rosen und Disteln wachsen auf
demselben Feld", heißt es schon
in der Bibel. Seit jeher droht das
Unkraut dem fleißigen Gärtner.

VON DER ALCHEMIE ZUR CHEMIE DES BIERS ODER DAS BAYRISCHE REINHEITSGEBOT UND DER TAUMELLOLCH

„In verbis in herbis in lapidibus deus."
Paracelsus zugeschrieben

„In Worten, in Pflanzen und Steinen ist Gott" gilt als eine oft gebrauchte Lieblingsmaxime des jungen Goethe. Vermutlich hatte er sie bei den gemeinsamen alchemistischen und kabbalistischen Studien übernommen, die er zusammen mit Susanna Katharina von Klettenberg – der „schönen Seele" – in seinem Elternhaus lesend und experimentierend unternommen hatte. Als zutiefst gläubige Anhängerin der pietistischen Theologie des Prälaten Friedrich Christoph Oetinger war sie die große physiko-theologische Lehrmeisterin Goethes. Während er sich später von der Amtskirche abkehrte, hielt seine tiefe Leidenschaft für Pflanzen und Steine aber ein Leben lang an.

Alle Theologen, aber auch die Alchemisten glaubten, dass Blumen und Gesteine Träger von Botschaften seien. 1609 schrieb Oswald Croll in seiner *Basilica Chymica*: „Alle Kräuter, Blumen, Bäume und anderes, was aus der Erde kommt, sind magische Zeichen, die von der unendlichen Barmherzigkeit Gottes übermittelt werden." Zuweilen gemahnten diese die menschlichen Sünder an ihr nahendes Ende, etwa im *Buch Hiob 14, 1–2*: „Der Mensch … knapp an Tagen, unruhvoll, er geht wie die Blume auf und welkt, flieht wie ein Schatten und bleibt nicht bestehen."

Daneben konnten Blumen auch das tröstend Erhabene vorstellen, so wie Christus im *Buch der Heiligen Dreifaltigkeit* – einem Klassiker der Alchemie des 15. Jahrhunderts – am „Kreuz der blauen Lilie" leidet, einem Symbol für das „große Werk" und den Stein der Weisen. Heutigen Menschen ist die emblematische Deutung alter religiöser Texte und allegorischer Bilder auf vielfachen Bedeutungsebenen – wie dies in der Renaissance und im Barock blühte und noch von Goethe virtuos beherrscht wurde – völlig fremd geworden. Die geheimnisvolle und vielgestaltige Bildersprache der Alchemie mit ihrer Fülle an weißen, roten, blauen, goldenen, ge-

11

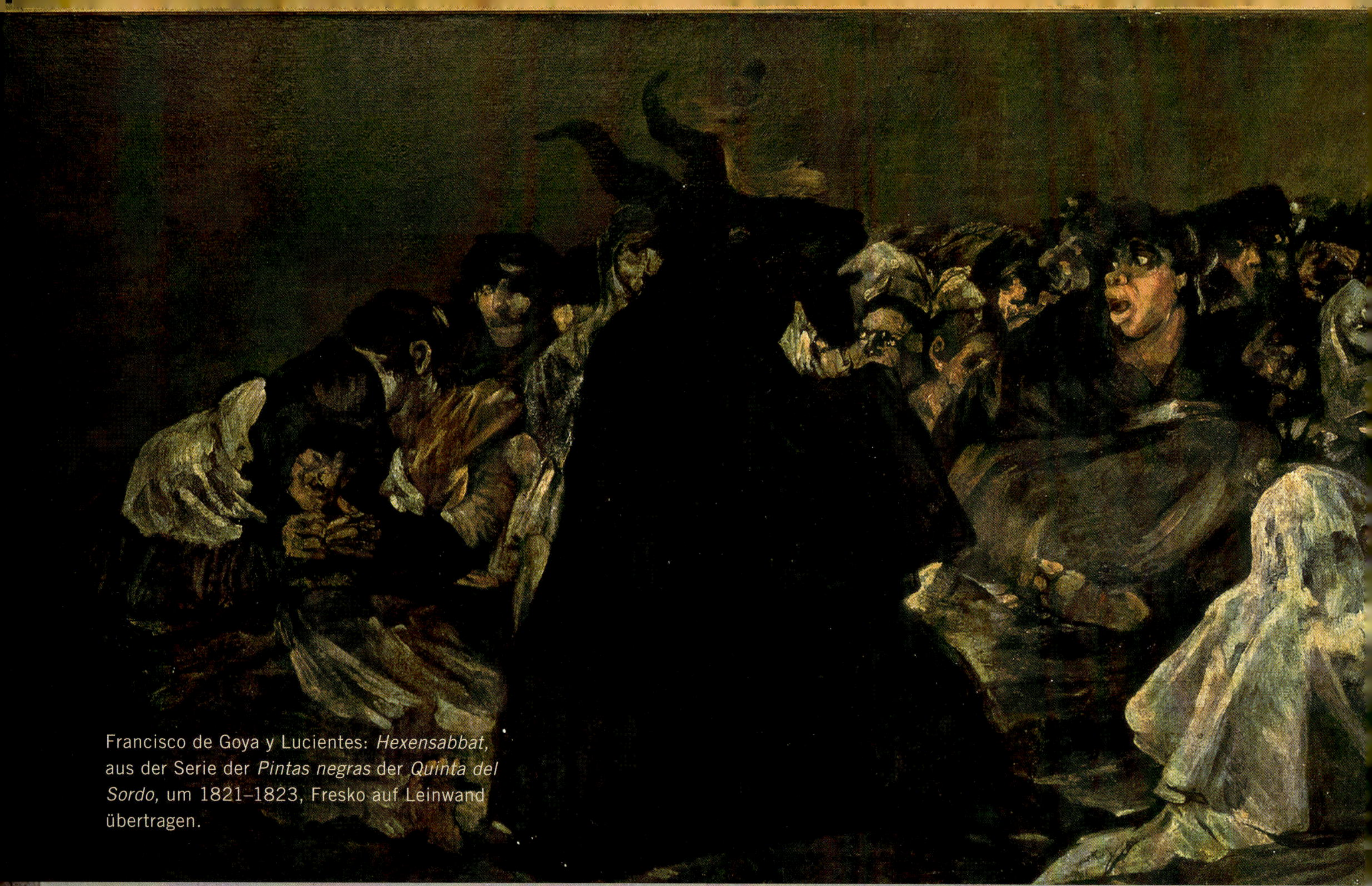

krönten und ungekrönten Lilien und einer Vielzahl
sonstiger Blumen war neben der Bilderwelt der Bibel
eine der Quellen. So war die Feuerlilie auf zweifache
Weise zu deuten. Sie vereinte die Reinheit der Lilie –
daher diente sie als Attribut der Gottesmutter und vieler Heiliger – mit dem lodernden Feuer, dem Symbol
der Wiedergeburt und der Erneuerung.

Der häufig wahnhafte Aberglaube breiter Volksschichten
tat ein Übriges. Allenthalben drohten Dämonen, Hexen
und Teufel und brachten Krankheit und plötzlichen
Tod. Nur wer die richtigen Pflanzen wusste, konnte sich

retten. So schützte Baldrian – vor allem in der Blüte –
vor Hexen und Teufeln.

Auch mit Birkenreisern kann man Hexen vertreiben.
In der Antike nutzte man sie daher zu rituellen Tötun-
gen. Zwar mag Birke als Abwehrzauber funktioniert
haben, doch war sie als Hinrichtungsinstrument nicht
besonders wirkungsvoll. Tacitus beschreibt nicht ohne
Häme die großen Mühen eines etwas älteren Pontifex
Maximus, höchster Richter des römischen Staatskults,
mit den Birken beim Totpeitschen einer jungen Vesta-
lin, die ihre Jungfräulichkeit verloren hatte.

Dass Disteln als Teufelsgeschenk galten, leuchtet dagegen umgehend ein. Der giftige Eisenhut schützte vor Zauberei, Farne als Hexenkraut vor Fliegen und dem Wirken des Teufels. Aus Ginsterreisern banden der Legende nach die Hexen jene Besen, mit denen sie in der Walpurgisnacht zur Teufelsbuhlschaft flogen.

Zwar wissen wir nicht, ob aktive Hexen in ihren Gärten tatsächlich gefährliche Kräuter anbauten und ob ängstliche Menschen in ihren Beeten vor Zauberei schützende Pflanzen zogen. Was wir indessen in von Hochschullehrern im 19. Jahrhundert verfassten Werken der Toxikologie nachlesen können, ist die überraschende Behauptung, dass insbesondere in München die Brauer trotz des Reinheitsgebots heimlich in heckengeschützten Privatgärten aus der Hexentradition stammende Giftpflanzen wie Taumellolch, Stechginster, Bilsenkraut oder Teufelstrompete gezogen hätten, um die psychodelische Wirkung ihres Biers aufzupeppen. Hier war die Maxime „in herbis … deus" wohl etwas außer Sicht geraten!

☞ ÜBER GÄRTEN UND RELIGION FINDEN SIE MEHR AUF SEITE 15.

Antoine Laurent de Jussíeu schmuggelt den Setzling einer Libanon-Zeder, den er in seinen Hut gepflanzt hatte, auf dem Weg nach Paris durch den britischen Zoll.

Die Legende überliefert, der Neffe von de Jussíeu habe während einer Seereise im Mittelmeer seine karge Wasserration mit einer jungen Kaffeepflanze geteilt. Das Leben eines Pflanzenjägers war eben kein leichtes.

David Douglas, der Entdecker der Douglasien, fiel im Südwesten der USA aus Versehen in eine Fallgrube für halbwild lebende Stiere. Leider war bereits ein Stier vor Ort.

BLÜTEN IM SCHATTEN DES KREUZES

BOTANISIERENDE MISSIONARE DURCHSTREIFEN DIE WELT

„Die Natur ist eine unerschöpfliche Quelle der Forschung."
Alexander von Humboldt

Man kann darüber streiten, ob die Kämpfe der Spanier im 16. Jahrhundert in Mexiko der Verbreitung des Glaubens oder doch nur der Befriedigung der Goldgier der Eroberer dienten. Doch dem Arzt und Naturforscher Francisco Hernandez fiel um 1580 eine neue Pflanze auf, die er in seinem großen Werk über Arzneipflanzen Neu-Spaniens abbildete. 1690 fand der französische Franziskaner Charles Plumier während einer Missionarsreise auf den Antillen weitere Arten. Er nannte sie nach Michel Begon, Gouverneur von Französisch-Kanada und großem Freund der Botanik, „Begonie". Durch Züchtung kam es zu einer kaum zu beschreibenden Fülle von Sorten.

Bereits 1695 stieß Charles Plumier bei seinen botanischen Studien auf der Karibik-Insel Stanto Domingo auf eine von insgesamt rund hundert Arten eines neuen „Halbstrauchs", den er keiner der damals bekannten Pflanzengattungen zuordnen konnte. 1703 veröffentlichte Plumier dann in Paris sein berühmtes Werk *Nova plantarum americanum genera ...,* in dem er die neue Pflanze nach dem deutschen Botaniker Leonhart Fuchs „Fuchsie" nannte.

Päpste, Kardinäle, Bischöfe und Prälaten kommen unter Marmor und Erz zur letzten Ruhe. Kleinen Missionaren gönnt man vielfach nicht einmal – analog zu den Soldaten – ein „Grabmal des unbekannten Missionars". Eigentlich wäre es naheliegend, dem Andenken eines Paters, der einstens eine heute nahezu in jedem privaten Garten blühende Pflanze nach Europa brachte, eine Erinnerungskapelle zu bauen, mit „seinen" Kübelpflanzen am Altar, umgeben von Beeten „seiner" Pflanzen. Wie wäre es mit einer Gedenkkapelle für Charles Plumier inmitten von Begonien, Lobelien und Fuchsien?

INTERESSIEREN SIE SICH FÜR „RELIGIÖSE" GÄRTEN? DANN LESEN SIE BITTE WEITER AUF SEITE 78.

Die von der Gattin Napoleons III., Kaiserin Eugénie, kreierte Krinolinenmode mit ausgreifendem Reifrock bot hinreichend Fläche zur Befestigung frischer Fliederzweige. (Übrigens: Die Rocksäume erreichten Weiten von 12 bis zu 32 Metern – bei den Roben der Kaiserin!) „Pariser Damenmode", Kupferstich, koloriert, Paris, 1850

„Eine Nacht so klar und wir darin ein Paar – wunderbar – wunderbar." Amerikanische Reklamedarstellung in einer Illustrierten: Zwischen Fliederbüschen verabschiedet sich ein junger Offizier der US-Air Force von seiner Braut.

EIN „FEINES GESCHÖPF" AUS DER FREMDE

„Es war zu jener Zeit, da zwischen grünen Blättern die von den süßesten Wohlgerüchen Persiens umwogten Fliederbüsche anmutig ihre lichten zartlila, einige auch ihre weißen Blütenhäupter neigten, deren durchsichtige Haut noch von den duftenden Essenzen zu schimmern schien, von denen sie getränkt war. Man spürte, dass diese feinen Geschöpfe Fremde waren, eingewandert aus jenen Ländern, die wir so oft … pläneschmiedend (mit dem Finger auf der Landkarte) aufgesucht hatten …"
Marcel Proust, Jean Santeuil

Nie sollte der kränkliche Proust nach Persien reisen. Auch ist die natürliche Heimat des wilden Flieders in Wahrheit das einstens zum Osmanischen Reich gehörende Bulgarien. Aber immerhin war es Proust noch bewusst, dass der Flieder keine französische Pflanze ist. Blumenliebende Türken brachten den wilden Flieder im 14. Jahrhundert vom Balkan nach Istambul. Venezianische und genuesische Kaufleute verschifften ihn zweihundert Jahre später nach Italien, und Gesandte des deutschen Kaisers brachten ihn in der Mitte des 16. Jahrhunderts an den Kaiserhof nach Wien. Von dort eroberte der „Lilac" – so der türkische Name, von dem sich „lila" herleitet – ganz Europa, wohl dank seines betörenden Dufts. Dieser ließ den Nachteil der damaligen Fliederbüsche in den Hintergrund treten. Die damals noch sehr kleinen Einzelblüten blühten innerhalb der Dolden nacheinander langsam von unten nach oben. Eine Dolde zeigte daher zur Mitte ihrer Blütezeit dreierlei Farben: unten das intensive Braun der bereits abgeblühten Dolden, in der Mitte die leuchtend-weißen oder rot-violetten, stark duftenden, offenen Blüten und oben das giftige Grün der noch unreifen Knospen. Die Blütendolde dient vor allem Schmetterlingen als „Weide".

Erst Mitte des 19. Jahrhunderts gelang französischen Großgärtnereien die Züchtung eines Flieders mit großen, gleichzeitig aufbrechenden Blüten und daher einfarbig wirkenden Dolden. Nun wurde Flieder als Strauß, als Girlandendekoration von Ballsälen und als Applikation auf den Schultern schöner Damen und auf aufwändigsten Ballroben ungemein populär.

Im Garten neigen ältere Fliederbüsche ihre langen Zweige schwer zu Boden. Diese lassen sich durch schnörkelige Eisenkonstruktionen hochstemmen. So entstanden jene Fliederlauben, die durch die erotische Bedeutung des Flieders in der Sprache der damaligen Blumenikonografie zu einem Ort größter sittlicher Gefahr für junge Damen wurden.

ALLERLEI BLÜHENDES WURDE VON MISSIONAREN AUS DER FERNE MITGEBRACHT, WIE SICH AUF SEITE 15 ZEIGT. ORTE SITTLICHER GEFAHR? WEITER AUF SEITE 102.

„Wenn der weiße Flieder wieder blüht, sing' ich dir mein schönstes Liebeslied."
Deutlich erkennt man den Erfolg französischer Züchter des 19. Jahrhunderts: Alle Blüten der Dolde blühen gleichzeitig. Weder sind die Doldenspitzen braun noch die Blüten an der Unterseite grün.

Ein armer Wichtel (trotz Schnee trägt er Pantoffeln) füttert im Wald ein Reh.
Diese Idylle fand sich auf einer Neujahrs-Glückwunschkarte um 1920.

KITSCH ODER KUNST?

Was eigentlich ist Kitsch? Wie entsteht er? Warum manifestiert er sich besonders häufig in der Gartengestaltung? Wie war es möglich, dass die subtile Kunst der Gartenskulptur von Renaissance und Barock letztlich in knatsch-bunten Gartenzwergen kulminierte? Betrachten wir zwei beunruhigende Beispiele:

Um 1440 goss der Florentiner Bildhauer Donatello, der bedeutendste und einflussreichste Vertreter der italienischen Frührenaissance, eine fast lebensgroße Plastik des David in Bronze. Donatellos langhaariger, jünglingshafter David ist nackt, nur mit einem ziemlich großen, breitkrempigen, mit einem Blütenkranz verzierten Hut bekleidet und prunkt mit maskuliner Erotik – wenn auch mit leicht femininen Untertönen. Fast ein halbes Jahrtausend später stellte Leonard Woolf, Ehemann von Virginia, eine beschädigte Replik – ihr fehlte der rechte Arm und damit das Schwert – in die Mitte seines gläsernen Gewächshauses. Was sehen wir nun? Ein Kunstwerk der Renaissance oder letztlich doch nur eine Art monumentaler Gartenzwerg? Zwar künstlerisch unvergleichlich viel besser als die bunten Kunststoffwichtel oder vielleicht doch nur deren arg groß geratener Vetter?

Ein weiteres prominentes Beispiel: Landgraf Moritz von Hessen-Kassel begann 1701 auf dem seinem Schloss zugewandten Abhang des Karlsbergs bei Kassel mit dem Bau einer gewaltigen Gartenanlage. 1713 erteilte sein Nachfolger einem Augsburger Goldschmied den Auftrag, aus 3 Millimeter starkem Kupferblech eine knapp 9 (!) Meter hohe Kopie des Herkules Farnese zu schaffen, die man auf die Spitze einer 30 Meter hohen Pyramide oberhalb eines Oktogons stellte, das wie ein klassischer Tempel gestaltet war. Trotz seiner heute auch vom ICE aus zu bestaunenden gewaltigen Größe – Karls Herkules gefiel nicht jedem. Die meist vernichtenden Urteile reichten von „einer größenwahnsinnigen Übertreibung" bis zu Goethes Feststellung, der Kasseler Herkules sei „ein Nichts um Nichts, ein ungeheurer

Confect-Aufsatz". Goethe charakterisierte damit den Herkules als eine große Nippesfigur, wie man sie damals aus Marzipan oder aus Tragant, einem Gummiharz, und Zucker als Tafelaufsatz bei fürstlichen Festessen zu verwenden pflegte, gewissermaßen als besonders großes Gummibärchen.

Die Grenze zu definieren, wo die Kunst aufhört und der Kitsch beginnt, ist eben nicht leicht.

Die Welt der Gartenplastiken reicht von grazil-zarten, nackten griechischen Göttern und Göttinnen bis hin zu zipfelmützigen Gartenzwergen, von sterbenden griechischen Helden hin zu blech-überkrusteten deutschen Rittern und in Bronze gegossenen Wiedergängern von Picasso-Zeichnungen. Eine Zeitlang war es bei national gesinnten Familien Mode, sich Graffiti-verzierte Betonsegmente der Berliner Mauer in den Garten zu stellen. Andere halten mit überlebensgroßen Vollplastiken längst verstorbener Päpste eindrucksvoll dagegen. Guckt man über die Zäune, so kann man alles sehen, wirklich alles. Gartengeschäfte bieten sogar verkleinerte Terrakotta-Repliken altchinesischer Krieger nach jenen aus der Begräbnisstätte des ersten Kaisers von China an.

Den wunderlich irritierenden, wirkliches Leben vortäuschenden Zauber bemalter Tierplastiken schilderte Joachim Ringelnatz 1929 in einem seiner schönsten Gedichte:

„Ein ganz kleines Reh stand
Am ganz kleinen Baum
Still und verklärt wie im Traum.
Das war des Nachts elf Uhr zwei,
Und dann kam ich um vier
Morgens wieder vorbei,
Und da träumte noch immer das Tier.
Nun schlich ich mich leise –
Ich atmete kaum
Gegen den Wind an den Baum,
Und gab dem Reh einen ganz
Kleinen Stips
Und da war es aus Gips. "

 LESER, DIE GARTENZWERGE MÖGEN, SOLLTEN AUF SEITE [137] „GARTENZWERGE, ZWIETRACHT SÄEND" WEITERLESEN.

FORMSCHNITT UND ESOTERIK

ODER PRINCE CHARLES SETZT DEN PLATONISCHEN KÖRPERN EIN GRÜNES DENKMAL

Dieser Gedankengang Seiner Königlichen Hoheit ruht auf einer sehr alten Tradition. Seit der griechischen Antike ordnete man die vier Elemente Feuer, Erde, Luft und Wasser den vier regelmäßigen platonischen Körpern, dem Tetraeder, dem Hexaeder oder Würfel, dem Oktaeder und dem Ikosaeder oder zwanzigflächigem Würfel zu. Wie andere Philosophen und Künstler der Renaissance führte Fra Luca Pacioli, ein Franziskaner, diese Überlegungen in seinem von Leonardo da Vinci illustrierten Werk *De divina proportione*, Venedig 1509, näher aus und erweiterte sie durch den Gedanken, dass der Dodekaeder – oder von diesem durch zusätzliches Aufsetzen von Tetraedern abgeleitete, sternförmige Gebilde – den Aufbau des Kosmos und das Göttliche schlechthin repräsentieren würde. Dodekaeder wurden dank Leonardo zu beliebten Darstellungen in kirchlichen Bodenmosaiken, so in der Markuskirche von Venedig.

In seinem Werk *Mysterium cosmographicum* führte Johannes Kepler 1596 aus, dass Gott bei der Schöpfung, als er die fünf Planetenbahnen festlegte, die fünf regelmäßigen platonischen Körper so ineinander schachtelte, dass die Sonne von einem Oktaeder umschlossen wurde, dem von innen nach außen Ikosaeder, Dodekaeder, Tetraeder und als Letztes der Hexaeder oder Würfel folgten. So definierte Kepler die Abstandsverhältnisse der Planeten in der Reihenfolge Erde, Mars, Saturn, Venus und Merkur. Darüber hinaus sah Kepler in der Nachfolge des antiken Astronomen Pythagoras einen engen Zusammenhang zwischen den Zahlenverhältnissen im Sonnensystem und den Harmonien der Töne in der Musik. Kepler war von der „Sphärenmusik" so überzeugt, dass er den Planeten sogar musika

> *„Der Garten ist das Spiegelbild des Himmels und der Sterne. Er ist auch das Spiegelbild des Gärtners."*
> *H.R.H. Charles, Prince of Wales*

lische Motive zuordnete. Goethe verarbeitete diesen Gedanken im ersten Teil des *Faust*, als er die berühmten Zeilen schrieb:

„Die Sonne tönt nach alter Weise
In Brudersphären Wettgesang
Und ihre vorgeschriebne Reise
vollendet sie mit Donnergang …"

Ebenfalls seit der Antike pflegte man Gärten mit bizarren pflanzlichen Plastiken zu beleben, die man durch kunstvolles Beschneiden von Eibe und Buchsbaum – dem so genannten Formschnitt – gestalten konnte. Insbesondere in England gibt es eine lange, bis in die Gegenwart geübte Tradition des Formschnitts.
Offenbar war Prince Charles der Erste, der die Idee hatte, die beiden Traditionsstränge – Formschnitt und die Freude an platonischen Körpern – zusammenzuführen und im Garten von Highgrove House Eiben in der Form der regelmäßigen platonischen Körper als Symbole der vier peripatetischen Elemente zu beschneiden. Um die Erkennbarkeit der doch komplizierteren Figuren und die Arbeit der Heckenschere zu erleichtern, ließ er seine Eiben in entsprechende Metallgerüste hineinwachsen.
Wie tief sich Seine Königliche Hoheit aber tatsächlich in die astronomischen Studien Keplers vertieft hat, wurde vom Autor nicht überprüft.

Hier wirken die aus Eiben geschnittenen platonischen Körper nicht besonders dramatisch, doch gelang es damit, zwei alte Traditionen mit neuem Leben zu füllen.

 IM IDEAL PLATONISCHER KÖRPER MANIFESTIERT SICH DAS JENSEITS.
ÜBERSINNLICHES IST AUCH AUF SEITE [78] ZU ERFAHREN.

Georg Coler, Titelblatt zu Johannes Kepler
Tabulae Rudolphinae astronomicae, Ulm, 1627

Johannes Kepler versuchte
durch geschicktes Ineinander-
schachteln der platonischen
Körper in einem Gedanken-
experiment, die räumlichen
Harmonien des Planetensystems
darzustellen.

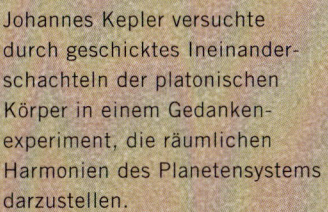

EX ORIENTE LUX

*„Kein Volk findet mehr Geschmack am Blumenschmuck
oder wüsste ihn mehr zu schätzen als das türkische."*
Pierre Belon, 1549

In der Antike nahezu unbekannt, wurden Tulpen erstmals im alten Persien kultiviert. Die Perser gaben sie an die Osmanen in Kleinasien weiter. Als 1453 Sultan Muhammed II. Konstantinopel eroberte und in Istanbul umbenannte, erreichte die mittlerweile in zahlreichen Varianten gezüchtete Tulpe endgültig europäischen Boden. Muhammed II. ließ in seiner neuen Hauptstadt Vergnügungsgärten pflanzen und einen Park um das Topkapi Serail anlegen. Die von über neunhundert Gärtnern – die allerdings für Blumen *und* Gemüse zuständig waren – geerntete Blumenpracht der zwölf Gärten des Sultans wurde an bestimmten Tagen öffentlich verkauft. Doppelreihen von Pappeln sollten Kanäle und Gartenpavillons umgeben. Als Idealbepflanzung für die Beete wurden Veilchen, Rosen mit Narzissen und Safrankrokussen, Flieder mit Tulpen und malvenfarbigen Levkojen vorgeschlagen. Die nahe an Gebäuden liegenden Beete sollten mit roten Rosen bepflanzt werden, die im Islam als Symbole für die Schweißperlen des Propheten Mohammed stehen.

In der Regierungszeit Süleymans II. des Großen ließ sich der Kaiser des Heiligen Römischen Reiches Deutscher Nation zeitweilig von dem aus den Niederlanden stammenden Flamen Ogier Ghislain de Busbecq diplomatisch vertreten. Dieser schrieb am 3. November 1554 auf der Reise nach Istanbul: „Auf unserem Weg wurden uns überall Blumen angeboten – Narzissen, Hyazinthen, auch solche, die die Türken tulipam nennen. Wir waren darüber wegen der Jahreszeit sehr erstaunt, denn wir befanden uns … im Winter. Doch überall in Griechenland sieht man jetzt Narzissen und die für ihren Duft berühmten Hyazinthen. Die Tulpen dagegen duften überhaupt nicht … Die werden mehr um der Vielfalt und der Schönheit ihrer Farben geschätzt. Die Türken betreiben die Blumenzucht mit großem Eifer und sind bereit, für eine besondere Blume außerordentlich viel Geld zu zahlen, auch wenn sie ansonst sehr vernünftige Leute sind." 1540 legte Pierre Belon bei Le Mans einen Park mit einer beträchtlichen Sammlung fremder Pflanzen an. Um diesen Garten zu vergrößern, reiste er bereits 1546

– noch vor Busbecq – in die Levante. In seinem 1553 erschienenen Bericht begeisterte er sich: „Kein Volk versteht es besser als das türkische, sich mit schönen Blumen zu schmücken und sich an ihnen zu erfreuen. Sie wissen … eine … wohlgeratene Blüte zu schätzen, auch dann, wenn sie nicht duftet." Dem scharfen Beobachter Belon entging nicht, dass die Türken Blumen eine andere Einstellung entgegenbrachten als seine eigenen Landsleute. „Bei uns bindet man häufig verschiedene Blumen und wohlriechende Kräuter zu einem Strauß zusammen." Offenbar handelte es sich um Trockensträuße, deren Zweck es war, in Zimmern und Schränken zu duften. „Die Türken jedoch interessieren sich für das Aussehen der Blume und stecken sich meist nur eine einzige an. Obwohl ihnen sehr viele Sorten zur Verfügung stehen, tragen sie nach dieser Sitte doch jeweils nur eine in den Falten ihres Turbans." Das Tragen einer einzelnen Blume an der Kopfbedeckung schien Belon ziemlich befremdlich. „Blumenkünstler haben normalerweise mehrere Blumen vor sich, die in einem wassergefüllten Gefäß stehen, um ihre Frische und Schönheit zu erhalten."

In den folgenden Jahrzehnten entwickelte sich die Tulpe zum allgegenwärtigen Symbol und Motiv der türkischen Kunst, so auf dem Fliesenschmuck der Moscheen, auf Gebetsteppichen und auch sonst auf gemusterten Textilien aller Art, als Schmuck auf Briefen und Urkunden, in bebilderten Handschriften, in Miniaturen und sogar auf Grabsteinen für Frauen, aber insbesondere auch in der osmanischen Dichtung:

„O Mundschenk, bring uns den Wein, bevor
die Tulpen verblühen."

Die osmanische Blumenbegeisterung ergriff ganz Südeuropa. Auf sizilianischen Chormänteln, Messgewändern und Antependien der Renaissance erblühten auf Seide und mit glänzender Silberstickerei ganze Beete von Tulpen, Schwertlilien, Rosen, Nelken, Pfingstrosen und Narzissen.

Osmanische Moscheen wurden so gut wie immer mit farbigen Fliesen ausgestaltet. Tulpen und Nelken waren ein bevorzugtes Motiv.

 TULPEN ERFREUEN UNS DES WEITEREN AUF SEITE 29 UND SEITE 32.

30

Typische „Papageientulpe". Die Streifen sind „versehentlich" durch einen Gendefekt entstanden. Aus dem *Great Tulip Book*: Semper Augustus, unbekannter holländischer Maler, um 1640.

Semper Augustus.

TULPEN AM GOLDENEN HORN

Der Sultan, sein Hof und die Bevölkerung liebten während der Tulpenzeit im frühen 18. Jahrhundert ausgelassene Feste größten Ausmaßes. Bei den folgenden Zeilen aus der Feder von Evliya Çelebi sollte man sich vor Augen halten, dass es solch großartige Volksvergnügungen unter freiem Himmel mit derart langer Dauer im christlichen Abendland äußerst selten gab. Zwar ließ auch der Sultan dergleichen Veranstaltungen nicht ohne Grund durch Janitscharen bewachen, doch die Angst abendländischer Herrscher, diese Feste könnten politisch aus dem Ruder laufen, war wesentlich größer. „Wir schlugen unsere Zelte im Schatten einer großen Eiche am Ufer des Kagithane auf und verbrachten Tag und Nacht mit den angenehmsten und gelehrtesten Unterhaltungen." Der Kagithane floss durch riesige Tulpenfelder und mündete in das Goldene Horn. „Wie soll man diese Lustbarkeiten und Freuden beschreiben, die wir dort während der zwei Monate auf dem matten Grün erlebten?" Es scheint so, als habe Çelebi diese tatsächlich ununterbrochen auf dem Fest verbracht. „Die besten Familien des Landes, die höchsten Würdenträger und die heitere Jugend belebten mit ihren Tausenden von Zelten das Tal … Nacht für Nacht erstrahlten diese im Glanz unzähliger Kerzen und Lampen, und es erhoben sich die Stimmen der Edelleute, die die Musikanten bei ihren Darbietungen auf den verschiedenen Instrumenten begleiteten."

„Die Freuden des Lebens erfrischen das Herz, genießt alles Schöne, denn das Leben ist unstet und wechselhaft."
anonymer türkischer Dichter, 17. Jahrhundert

Auch die Feuerwerkskunst war im Osmanischen Reich wesentlich weiter entwickelt als im Abendland. Hier beherrschten die Feuerwerker bereits die Fertigkeit, den Pulvermischungen bestimmte Salze beizufügen und so die Flammen der explodierenden and abbrennenden Feuerwerkskörper zu färben. Sie waren auch in der Lage, vorausgeplante Figuren am Himmel erscheinen zu lassen. Wahrscheinlich bedienten sie sich der noch heute genutzten „Feuerwerksbühnen" – hoher Gerüste, an denen die Feuerwerkskörper gefesselt abbrennen und wo sich die Flammen zu Bildern vereinen. Gleichzeitig waren in westeuropäischen Ländern Feuerwerke zwar bekannt, hatten sich aber über eine farblos leuchtende Knallerei noch nicht hinaus entwickelt. „Feuerwerkskörper in unterschiedlichen Farben, darunter Blitze, Schmetterlinge, Sterne, Falken und Hähne, zerstoben am Nachthimmel und tauchten ganz Kagithane in ein purpurnes Farbenmeer."

Auch um ihr leibliches Wohl musste sich diese gewaltige Menschenmenge keine Sorgen machen: „Hinter den Zelten an beiden Ufern … hatten sich an die zweitausend Boutiquen niedergelassen, die köstliche Speisen und Getränke, Spezereien, Naschwerk sowie kostbare Schmuckstücke feilboten." Es scheint auf diesem Fest keine Frauen gegeben zu haben, sie werden jedenfalls nicht erwähnt. Doch zirzensische Darbietungen gab es in Massen: „Täglich konnte man dort Jongleure, Zauberer, Taschenspieler, Akrobaten, Bärenführer, Affen und Ringkämpfer bewundern."

Es ist sicher nicht ganz falsch anzunehmen, dass ein solch riesiges Zeltlager auch hygienische Probleme mit sich brachte. Trotzdem gab es Mutige. „Gelegentlich konnte man jemanden in den Gewässern des Kagithane schwimmen sehen." Wer heute diesen Fluss kennt, würde davon Abstand nehmen.

 NICHT NUR DIE TÜRKEN VERSTANDEN ES, EINST IM GARTEN ZU FEIERN. DASS GARTENFESTE NICHT IMMER GLÜCKLICH ENDEN, IST AUF SEITE 140 NACHZULESEN.

Janitscharen aus der Elite-Truppe des Sultans trugen auf ihrer Kopfbedeckung mancherlei Zierrat – im Frühjahr häufig Tulpen.

Diese alttürkische Malerei zeigt zwei Phasen eines Tulpen-Festes unter Sultan Ahmed III. Oben: Der Sultan auf dem Balkon seines Kiosks am Bosporus. Im unteren Teil: Eine monumentale Tulpen-Säule im Hippodrom. aus: *Buch der Festlichkeiten*, Türkei, 1583.

Dieser Traum aus 1001 Nacht auf einer amerikanischen Zigaretten-reklame zeigt eine Mondnacht in einem orientalischen Garten – mit allen westlichen Vorurteilen.

TULPENZWIEBELN –
KANDIERT ODER GERÖSTET

Tulpen – Sinnbild für Wohlstand und Reichtum, aber auch Vergänglichkeit alles Irdischen.
Martina Heilmeyer, Die Sprache der Blumen

Zwar scheinen schon im frühen 16. Jahrhundert Tulpenzwiebeln aus Istanbul nach Westeuropa exportiert worden zu sein, doch erst aus Mitteilungen des bedeutenden Botanikers Charles de l'Écluse – latinisiert Carolus Clusius – wissen wir, dass 1562 tatsächlich Tulpenzwiebeln zusammen mit Stoffen einen Tuchhändler in Antwerpen erreichten. Dieser wusste nichts damit anzufangen, röstete sie und machte sie in Essig und Öl als Zwiebelsalat an. Offenbar mundeten sie ihm aber nicht, und so vergrub er den noch ungerösteten Rest zwischen Gemüsestauden im Garten. Einige davon rettete George Rye, ein Gartenliebhaber und Kaufmann aus Mecheln, der sie zum Blühen brachte. Clusius selbst, immerhin ab 1593 erster Direktor des Botanischen Gartens zu Leiden, hatte einige in Zucker einlegen lassen und ebenfalls verzehrt. Dies ist nicht so sehr befremdlich! Noch vor einigen Jahren galten in Zucker eingelegte Zwiebeln – warm gegessen – als gutes Hausmittel gegen Husten. George Rye gab einige Tulpenzwiebeln an John Hogeland weiter, der in seinem Garten das wohl erste größere Tulpenbeet West-Europas besaß. Clusius weigerte sich sogar gegen höchste Gebote, Tulpenzwiebeln aus seinem Besitz zu verkaufen. Unfreiwillig trug er gerade dadurch zu deren schneller Verbreitung bei, denn seine störrische Haltung steigerte nur die Begehrlichkeit der Gartenliebhaber. Eines Nachts wurden ihm seine schönsten Exemplare gestohlen, worauf er aus verzweifeltem Trotz seine restriktive Haltung umgehend aufsteckte und seinen gesamten Tulpenbestand schlagartig freigab. Da auch den Tulpendieben eine massenhafte Vermehrung ihrer Beute gelang, konnte man bald in allen sieben Provinzen der Niederlande Tulpenzwiebeln erwerben. Allenthalben entstanden „Kunstgärtnereien", die Tulpenvarietäten züchteten. Wie wir heute wissen, wurde ein Teil der Farbenvielfalt in Wahrheit durch eine nicht beeinflussbare Viruserkrankung der Pflanzen verursacht, was die Farbenzucht zu einer Lotterie werden ließ und manchen Züchter in den Ruin trieb. Doch meist war der finanzielle Erfolg exorbitant. Anfang des 17. Jahrhunderts bestellte zum Beispiel der Markgraf von Baden-Durlach Jahr für Jahr Tausende von Zwie-

Im 17. und 18. Jahrhundert waren Tulpenzwiebeln so wertvoll, dass sie in Beeten stets einzeln in Reih und Glied – wie Soldaten auf dem Paradeplatz – gepflanzt wurden.
Joseph Futtenbach, *Garten in Ulm*, 1641

beln zum damals gigantischen Preis von 1000 Gulden. In Frankreich kam es zum ersten großen Tulpenfieber. Wie alle inflationären Wirtschaftserscheinungen ist dergleichen im Nachhinein nicht erklärbar. Offenbar handelte es sich um eine Massenpsychose mit Totalverdummung aller Beteiligten. 1608 soll ein Müller eine Zwiebel mit seiner Mühle bezahlt haben. Einem Blumenzüchter bot man 1611 für eine Zwiebel eine gut gehende Brauerei im Wert von 30000 Francs. Von Frankreich aus griff der Tulpenwahn schließlich auf die Niederlande über, wo er seinen Höhepunkt erreichte. Doch die Spekulationsblase platzte und es kam zur wirtschaftlichen Katastrophe. Zahlreiche Züchter, Händler und Gartenfreunde gingen mit ihren schließlich wertlosen Blumenzwiebeln bankrott, was wiederum die Bosheit der Satiriker anstachelte. So entstanden in großer Zahl Spottkarikaturen. Besonders bissig war Jan Breughels *Allegorie auf die Tulpenmanie* mit Tulpenzwiebeln pflanzenden und erntenden Affen.

In den letzten Jahren behaupteten Wirtschaftshistoriker, dass das Tulpenfieber gar nicht so schlimm gewesen sei, weil sich der finanzielle Gesamtverlust in Grenzen gehalten habe. Allerdings könnte man dem entgegenhalten, dass dies bei inflationären Wirtschaftsereignissen wahrscheinlich immer so ist. Laufen diese offenbar doch stets nach dem gleichen Schema ab. Viele (Dumme) verlieren viel Geld, das dann in den Börsen weniger – und vor allem weniger Dummer – zu sehr viel Geld kumuliert. So gesehen, ist jede Inflation ja nur eine Art Nullsummenspiel, bei dem es lediglich darauf ankommt, am Schluss auf der richtigen Seite zu stehen.

„Kritzekratze, wehe dir,
Du geliebte Blumenzier!

Madam Kümmel will soeben
Öl auf ihre Lampe geben.
Fast wär' ihr das Herz geknickt,
Als sie in den Garten blickt."
Wilhelm Busch *Plisch und Plum*, 1882

 ES MÜSSEN NICHT IMMER TULPENZWIEBELN SEIN! WIE WÄRE ES MIT EINER ECHTEN EISSPEZIALITÄT? WEITER AUF SEITE 88.

Wie einen kostbaren Edelstein
hält der Mann dem Maler und
Betrachter eine einzige Tulpe
und eine Zwiebel entgegen.
Dieses Paar ist wohl gerade
dabei, sich im Tulpenwahn zu
ruinieren.
Michiel Janszoon van Miervelt,
Porträt eines Paares, 1606

GARTENPRUNK UND TECHNISCHE TRICKS AM HOF LUDWIGS XIV.

„Nec pluribus impar."
Wahlspruch Ludwigs XIV.

Zu den bildungsbürgerlichen Freuden im Sommer gehören die zahlreichen Konzerte, die allenthalben in gepflegten Schlossgärten und -parks stattfinden. Es macht ungeheuren Spaß zuzusehen, wie sich bei Freiluftkonzerten Büsche und Alleebäume im Sommerwind wiegen oder sich die Vorhänge an den halbgeöffneten Fenstern von Barock- oder Rokokosälen bauschen und man beobachten darf, wie etwa im Rondell von Schloss Nymphenburg die große Fontäne aufsteigt. Doch etwas stört immer! Die zahlreichen Mücken, die im Brunnenhof der Münchner Residenz den tiefen Ausschnitt der ersten Geigerin attackieren. Nicht ohne Schadenfreude bemerkt der Konzertbesucher, dass ein energisch in die laue Sommerluft geschlagener Geigenbogen sich nur wenig zur Insektenjagd eignet. Auch genügt der kleinste Windstoß, um alle Noten der durch die Insektenplage abgelenkten Musiker umzublättern. Sobald man selbst gestochen wird, trübt sich der Spaß ein wenig. Fragt man sich, woher die vielen Mücken kommen, so ist die Antwort einfach: Sie waren schon immer da. Bereits in den an Kanälen und Brunnen reichen Palastgärten der alten Perser trieben sie vor Jahrtausenden ihr Unwesen. Zu allen Zeiten gehörten ausgetüftelte Wasserspiele zu den besonderen Freuden von Gärten. Nicht erst seitdem Ludwig XIV. den Garten von Versailles anlegen ließ, repräsentieren Wasserspiele die Macht eines Herrschers. Um die Wasserhaltung zu erleichtern und Kosten für die Pumpanlagen zu minimieren, liegen viele hübsche Lustschlösser in sumpfigen Talsohlen.

Tipp

DAS SCHLOSS VON VERSAILLES

Von Ende März bis Oktober werden jeden Samstag, Sonntag und Feiertag zu feierlicher Barockmusik die Wasserspiele vorgeführt. Näheres unter der Website des Schlosses: *www.chateauversailles-spectacles.fr*

André Le Nôtre – großer Gärtner eines großen Königs – entwarf das *Parterre de Latone* für den Garten von Versailles. Anonyme Zeichnung, 1747

Sonnensymbol des
Sonnenkönigs Ludwig XIV.

Mit der Weite der Wasserflächen wuchs aber unvermeidlich auch die Mückenplage!

Jean Cocteau bedichtete 1954 die typisch barocke Gartengestaltung von Versailles: „Es gab ein Sumpfgebiet. Und es gab die Architekten und die Gärtner. Und es gab Linien, Winkel, Dreiecke, Rechtecke, Kreise und Pyramiden."

Zwar gab es im sumpfigen Tal von Versailles reichlich Wasser, doch da der König eine ungeheure Anzahl von Wasserspielen und Teichen anlegen ließ, reichte es trotzdem nicht. Es mangelte an Wasserdruck für die zahlreichen Springbrunnen. Nach römischem Vorbild begann Ludwig deshalb seit 1784, einen großen Aquädukt anzulegen, um das Wasser der Eure in seinen Park zu leiten. Doch da sich der 110 Kilometer lange Bau selbst für den Sonnenkönig als zu teuer und für seine Ingenieure als zu schwierig erwies, wurde er bis heute nicht vollendet. Stattdessen errichtete man bei Marly ein großes, von 16 gewaltigen unterschlächtigen Wasserrädern angetriebenes Pumpwerk, das die Wasser der Seine 162 Meter in die Höhe hob.

Doch es reichte immer noch nicht. Deshalb verfasste der König selbst ein Besichtigungsprogramm, in dem er festlegte, in welcher Reihenfolge – meist unter seiner eigenen Führung – die Gäste Springbrunnen und Wasserspiele zu besichtigen hätten. Während die höfische Gesellschaft ganz gemächlich den Park durchschritt, konnten die Gartengehilfen dann auf Flaggensignale hin, hinter eigens für diesen Zweck gepflanzten Hecken für die Besucher unsichtbar, von Schieber zu Schieber der Druckleitung eilen, um diese auf- und wieder zuzudrehen. Für Ludwigs Gäste ergab sich die Illusion, alle Fontänen würden gleichzeitig springen, doch in Wahrheit funktionierten nur jene, die gerade besichtigt wurden. Sobald die königliche Karawane weitergezogen war, sanken die Springbrunnen in sich zusammen und die Wasserspiele versiegten. Bis heute hat sich daran wenig geändert, für besondere Festtage hortet man immer noch Wasser. Ist der Festtag vorüber, fließt überhaupt nichts mehr!

Cocteau lobte in seinem oben zitierten Gedicht André Le Nôtre, den großen Gartenarchitekten Ludwigs XIV., als Meister des formalen Gartens. Le Nôtre perfektionierte die optischen Tricks seiner Zeit wie ein Bühnenbildner auf der Opernbühne. So verwendete er anamorphotische Effekte. Dadurch gelang es ihm, zum Beispiel durch bewusste Verzerrung der Breite von Wegen, die Raumtiefe von Gärten – von bestimmten Aussichtspunkten aus betrachtet – perspektivisch eindrucksvoll zu verändern.

Spätere Generationen haben nur gelegentlich in die Trickkiste Le Nôtres gegriffen. Und wenn man nicht erfährt, dass man gerade Opfer einer besonders raffinierten optischen Täuschung geworden ist, glaubt man, was man sieht! Um eine Täuschung als besonders kunstfertig genießen zu können, muss man aber wohl wissen, dass und wie man getäuscht wurde! So war die raffinierte Gestaltung Le Nôtres ein Leckerbissen für die physikalisch hochgebildeten Kenner der damaligen Zeit und ist den heute meist kenntnislosen Besuchern von Versailles von Herzen gleichgültig. So vergeht der Ruhm dieser Welt!

☞ WEITERE HÖHEPUNKTE DER GARTENGESTALTUNG AUF SEITE 152 UND AUF SEITE 148.

FEUER UND FLAMME, SCHALL UND RAUCH

„Raketen rauschten auf, Kanonenschläge donnerten, Leuchtkugeln stiegen, Schwärmer schlängelten und platzten, Räder gischten, jedes erst einzeln, dann gepaart, dann alle zusammen und immer gewaltsamer hintereinander und zusammen."
Johann Wolfgang von Goethe, Die Wahlverwandtschaften

So beschrieb Goethe 1809 ein Feuerwerk auf dem Gartenfest eines aristokratischen Ehepaars. Feuerwerke blicken auf eine vieltausendjährige Geschichte zurück. Im alten China sah man im Abfeuern von Böllern und Raketen einen Abwehrzauber zum Vertreiben böser Geister. So entstand unsere Silvesterknallerei. In späteren Zeiten pflegten prachtliebende indische Herrscher neben ihren Kriegsraketen die Entwicklung aufwändigster Lustfeuerwerke. Es waren die Feuerwerker von Mogulkaisern, Maharadschas und Nabobs, die herausfanden, dass man die Flammen brennender Pulvergemische durch Zusätze von bestimmten fein gemahlenen Mineralien färben kann. So schufen sie das „Bengalische" Feuer. Als strahlend-helle Dauerbeleuchtung nächtlicher Gartenfeste entwickelten sie durch „Phlegmatisierung" von Schießpulver – Zusatz von Ziegelmehl und Ähnlichem – das „Indianische" (d.h. indische) „Weißfeuer", das unter malerischer Entwicklung gewaltiger Mengen feenhaft leuchtenden Pulverdampfs langsam abbrennt.

Jahrhundertelang waren Feuerwerke Teil der abendländischen Festkultur. Herrscher wie Ludwig XIV. von Frankreich oder August der Starke von Sachsen „ver-

pulverten" sorglos die den geplagten Untertanen abgepressten Steuern. Große Feuerwerke umrahmte man mit Musik. 1748 schrieb Georg Friedrich Händel seine „Feuerwerksmusik", die 1749 zur Feier des Friedens von Aachen in London uraufgeführt wurde. Dieses Feuerwerk galt damals als voller Erfolg. Die Haupttribüne brannte ab. Sechzig Zuschauer verloren ihr Leben. Doch die wahren, wirklich großen Meister der Feuerwerkerei fanden sich im katholischen Klerus Roms. Es gab im alten Europa nichts, was dem atemberaubenden Glanz der *Girandola*, eines Riesenfeuerwerks – das bis 1851, viereinhalb Jahrhunderte lang, regelmäßig zu hohen Kirchenfesten um zwei Uhr nachts auf der Engelsburg abgebrannt wurde – gleichkam.

Im 19. Jahrhundert inszenierte man besonders in Paris und Wien auf speziellen Bühnen Feuerwerksdramen und führte „Pyrodrames", Poèmes pyriques" und „Pyromélodies" auf. Berühmtester Feuerwerkslieferant war von Händels Zeiten bis André Heller die Firma Ruggieri in Paris. Heller gelang es 1984, auf der spiegelnden Wasserfläche des Hafens von Lissabon die Tradition des „Dramma di fuoco" mit Musik von Händel, Strawinsky und d'Almeida noch einmal zu beleben.

 AUCH SONST KÖNNEN GARTENFESTE AUS DEM RUDER LAUFEN, SIEHE SEITE [140], HINGEGEN KANN MAN IN KLEINER RUNDE SPASS HABEN AUF SEITE [135].

Die *Girandola*, die jährlich wiederkehrenden päpstlichen Feuerwerke auf der Engelsburg, dargestellt von Joseph Wright of Derby, 1775/76 mit Blick über den Tiber auf St. Peter und den Vatikan.

In Renaissance und Barock dienten in großen
Vasen versteckte Brandsätze von „indianischem"
Weißfeuer zur Beleuchtung nächtlicher Feste.
Claude Deruet *Le Feu*, aus einem Zyklus der vier
Elemente, 1641/42.

Giuseppe Arcimboldo schuf 1563 diese aus
Wurzelwerk, Weinlaub und trockenen Pilzen
zusammengesetzte Darstellung des Winters, heute
in Wien, die er zehn Jahre später noch einmal
wiederholte, heute in Paris.

Bei näherem Hinsehen erkennt man, dass
sich unter dem üppigen Blütenturm des
„Frühling" von Giuseppe Arcimboldo aus
der gleichen Serie der Jahreszeiten von
1563 noch die Darstellung eines weiblichen
Gesichts verbirgt!

DIE ABFOLGE DER JAHRESZEITEN
IM GEWÜHL MENSCHLICHER GEFÜHLE

Viele Menschen fühlen sich der Abfolge der 365 Tage eines Jahrs reichlich hilflos ausgeliefert. Um 1800 vertonte Joseph Haydn das Oratorium *Die Jahreszeiten* nach einem naturphilosophischen Text Gottfried van Swietens, der empfindsam die Gefühle nachzeichnet, die die Menschen im Lauf der vier Jahreszeiten beflügeln oder quälen.

Hier wird „der Frühlingsbote" „durch laue Winde sanft gelockt" und der Himmel herzlich gebeten: „Öffne dich und träufe Segen über unser Land herab!" Die aufsprießenden Blumen werden in diesem Libretto allerdings arg kurz abgehandelt: „Seht die Lilie, seht die Rose, seht die Blumen all!"

„Der Sommer" lässt die Menschheit bei Haydn vorzugsweise leiden: „Die Mittagssonne brennet jetzt in voller Glut …" Zwar bringen Gewitter letztlich Kühlung, aber erst nach grauslichen Schrecknissen und unheimlicher Ruhe: „In banger Ahnung stockt das Leben der Natur: Kein Tier, kein Blatt beweget sich, und Todesstille herrscht umher." Doch dann bricht – wortreich und musikalisch gewaltig – das Gewitter los: „O wie der Donner rollt! O wie die Winde toben! … Flammende Blitze durchwühlen die Luft; den zackigen Keilen berstet die Wolke, und Güsse stürzen herab."

Der wesentlich friedlichere Herbst ist für Gärtner und Landleute die Zeit für eine Art Bilanz: „Was durch seine Blüte der Lenz zuerst versprach, was durch seine Wärme der Sommer reifen hieß, zeigt der Herbst in Fülle …" Nur wer sein eigenes Stück Natur über die Monate hinweg richtig gepflegt hat, darf den Herbst glücklich genießen. Dabei ist der Satz: „So lohnet die Natur den Fleiß …" gerade für Gärtner sehr zutreffend. Als Gartenfreund muss man zugeben: Wer im Frühling und im Sommer nicht ordentlich jätet, steht im Herbst fassungslos vor einem hochgeschossenen und undurchdringlichen Gestrüpp von Unkraut.

Doch aller Fleiß kann es nicht verhindern: „Blätter fallen ab, Früchte welken hin, Tag und Jahr vergeh'n, nur meine Liebe nicht!" Denn als Trost gegen die Tristesse der Jahreszeiten empfehlen van Swieten und Haydn für Herbst und Winter – etwas überraschend – die Kultivierung zwischenmenschlicher Beziehungen: „Lieben und geliebet werden, ist der Freuden höchster Gipfel, ist des Lebens Wonn' und Glück!"

In der althergebrachten Symbolik der Jahreszeiten wurde der Winter meist mit dem Tod gleichgesetzt – das Leichentuch des Schnees deckt die abgestorbene Natur. Es sollten noch hundert Jahre vergehen, bis Gertrude Jekyll auf die Idee kam, mit der Pflanzung von Hartriegeln in verschiedenen Rindenfarben bunte Beete auch für den Winter zu empfehlen. Der fromme Baron van Swieten erwartete – der christlichen Tradition entsprechend – im Jenseits den „Ewigen Frühling", von Haydn in prachtvolle Musik gesetzt:

„Ein ew'ger Frühling herrscht;
Und grenzenlose Seligkeit
Wird der Gerechten Lohn."
Was will man mehr?

 AUCH ANDERE KOMPONISTEN INSPIRIERTE DER GARTEN, WIE DIE EPISODE
AUF SEITE 44 BEWEIST.

BRANDEWEIN UND DIE KÖNIGIN DER NACHT

MOZART IN SCHIKANEDERS SALETTL

Emanuel Schikaneder ließ in den Gärten der Familie Starhemberg in Wien ein Häuschen errichten, in dem Mozart angeblich Teile der *Zauberflöte* komponierte. Es steht heute in den Anlagen des Salzburger Mozarteums. Unbestritten ist, dass der lebensfrohe Komponist in dem „Sauf- und Fresshäuschen" – so Mozart – mit Freunden nächtelang dem „Brandewein" zusprach. Was musikalisch passierte, weiß man nicht so recht. Ob Mozart hier wirklich komponiert hat, wird teils heftig verteidigt, teils völlig verneint. Auch die Legende, Schikaneder – Librettist und Impresario – habe hier Sängerinnen vor Mozart singen lassen, damit dieser die Partien ihrem Leistungsvermögen anpassen konnte, gilt als eher unwahrscheinlich.

Kern aller Kontroversen ist bis heute Carl Ludwig – später Ritter von – Giesecke, Sänger, Schauspieler, Inspizient, erfolgreicher Librettist und vielleicht auch Komponist und in Schikaneders Truppe allzeit präsenter Tausendsassa, der – eine besonders umstrittene Legende – den schon kränkelnden Mozart auf Weisung Schikaneders durch Zuführung von Alkohol und weiblicher Gesellschaft bei kompositorischer Laune erhalten habe. Giesecke hat viel später behauptet – auch dies ist umstritten –, er habe Schikaneder beim Libretto der

Zauberflöte geholfen, was angesichts seiner sonstigen Leistungen gut vorstellbar wäre. Mit der Frage, ob er Mozart auch beim Aufschreiben der Partituren geholfen habe, kann man Mozart-Fans zur Weißglut bringen. Sicher belegt ist dreierlei: Bei der Uraufführung der *Zauberflöte* gab Giesecke den „Ersten Sklaven". Das erhaltene Handexemplar des Librettos trägt zweifelsfrei seinen Namenszug. Und er besorgte die Redaktion des illustrierten Erstdrucks des Librettos.

Doch zurück zur *Zauberflöte*. Ob im Grünen entstanden oder nicht – die Handlung spielt zum Teil in einem Garten. In der Regieanweisung Schikaneders zum 7. Auftritt im 2. Aufzug heißt es: „Das Theater verwandelt sich in einen angenehmen Garten; Bäume, die nach Art eines Hufeisens gesetzt sind; in der Mitte steht eine Laube von Blumen und Rosen, worin Pamina schläft. Der Mond beleuchtet ihr Gesicht. Ganz vorn steht eine Rasenbank."

Exkurs: Bei einer Rasenbank handelt es sich um ein nur mit Gras bepflanztes, mit Holzbrettern ummanteltes, kleines Hochbeet, auf das man sich setzen konnte. Dieser mäßig bequeme, aus dem Mittelalter stammende Vorläufer unserer Gartenstühle hielt sich

 NAPOLEONS ERSTE GATTIN HATTE ANDERE INTERESSEN: SIEHE „DIE ROSEN VON MALMAISON" AUF SEITE 58.

Programmzettel des Theaters
auf der Wieden vom 3. Septem-
ber 1791 zur Uraufführung
der Zauberflöte, der die Runde
der fröhlichen Zecher vereint:
Schikaneder sang den Papageno,
Giesecke gab den ersten Sklaven.
„Aus Freundschaft gegen den
Verfasser des Stücks" dirigierte
Mozart selbst.

Diese Gravur wurde angeblich nach dem 1770
geschaffenen Porträt Mozarts von Heinrich
Wilhelm Tischbein angefertigt.

Johann Kautsky entwarf 1893 dieses Bühnen-
bild „Urwald" zur 3. Szene des II. Aktes der
Zauberflöte. Leider wissen wir nicht, wer diese
Gestaltung botanisch beraten hat.

besonders auf Friedhöfen bis weit ins 19. Jahrhundert. „Die Rasenbank an meiner Eltern Grab", heißt es in einem rührseligen Volkslied.

1816 inszenierte Karl Friedrich Schinkel die *Zauberflöte* für die Berliner Oper. Die Handlung spielte unter anderem auf einer Insel im Nil. Daher benötigte Schinkel einen Fachmann für orientalische Flora. Diesen fand er im zwar weitgereisten Alexander von Humboldt, der allerdings selbst nie in Ägypten gewesen war. Vermutlich orientierte er sich an der von Napoleon als Ergebnis seines Ägypten-Feldzugs herausgegebenen *Description de l'Égypte*, die reich bebildert 1809 – also kurz zuvor – erschienen war – eine frühe Bestätigung eines Filmtitels aus den 1930er-Jahren: *Napoleon ist an allem schuld!*

Carl Friedrich Schinkels Bühnenbild-Entwurf für den Garten des Sarastro. Er versetzte dabei großzügig die Sphinx auf eine Nilinsel. Den eher spärlichen Baumbewuchs entwarf Alexander von Humboldt.

Schikaneders „Salettl", sein Gartenhäuschen im Freihaus zu Wien vor
der Versetzung nach Salzburg. Hier
komponierte Mozart angeblich 1791
die *Zauberflöte*.

Zeichnung von Marc Chagall aus seiner Serie
zur *Zauberflöte* von 1966/67.

Wie auf diesem Scherenschnitt hat man sich die Gartenvergnügungen für die ganze Familie im späten Rokoko vorzustellen.

GOETHE UND DER GESELLIGE GARTEN

Im Mai 1776 hatte Goethe seinen Weimarer Garten an der Ilm in Besitz genommen. Er dominierte durch viele Jahre sein Tagebuch, das ihn als fröhlichen, geselligen und kinderliebenden Gärtner zeigt. Es machte ihm offenbar großen Spaß, wenn die Söhne der Frau von Stein – liebevoll „Grasaffen" genannt – durch den Garten tobten, Ball spielten, sich mit Würstchen abfüttern ließen oder zu Ostern Eier suchten. Zuweilen veranstaltete er Feuerwerke. Auch übte man sein scharfes Auge: „Nach Tisch alle in meinem Garten, die Sternscheibe abzuschießen." Damals pflegte man ausgezackte, hölzerne Scheiben mit einer „Windbüchse" in Trümmer zu ballern. Wer die meisten Holzsplitter auf die Waage brachte, hatte gewonnen.

Goethe beköstigte seine Gäste häufig mit selbst gezogenem Gemüse oder verschenkte selbst „gestoppelten" Spargel. Frau von Stein lud er zuweilen mit einem kleinen Briefchen zum Essen ein. So bescherte das Hochwasser der Ilm manche Köstlichkeit: „Soeben ist auf meiner Wiese ein Hecht gestrandet."

In dieser Zeit scheint sich Goethe sehr viel mit seinem Garten beschäftigt und „gegartelt" zu haben. Im November 1776 setzte er Linden, und eine Woche später ist in seinem Tagebuch zu lesen: „Mit Bienen beschäftigt und sie zur Winterruhe gebracht." Im April 1777 pflanzte er Hecken, und im Februar 1779 lichtete er seine Gehölze aus: „Im Garten Bäume und Sträucher durchstört." Diese Tätigkeit findet ihren literarischen Niederschlag in dem Roman *Die Wahlverwandtschaften*, der mit dem originellen Satz beginnt: „Eduard, so nennen wir einen Baron im besten Mannesalter ..." Dieser lässt – wie Goethe in seinem Garten – „... den Raum unter den Platanen von Gesträuch, Gras und Moos säubern, und nun erst erschien die Herrlichkeit des Baumwuchses sowohl an Höhe und Breite auf dem gereinigten Boden."

Goethe konnte aber auch den späteren Erwartungen seiner Bewunderer entsprechen, wie in der Tagebuchnotiz „Ganz im Garten, gelesen". Weil Goethe sich viele Jahrzehnte an der Gestaltung der Parkanlagen von Weimar beteiligte, hielt er auch engen Kontakt zu Fürst Leopold III. Friedrich Franz von Anhalt-Dessau, der bis heute als einer der bedeutendsten Schöpfer von Park- und Gartenanlagen gilt und dem wir das Weltkulturerbe Wörlitzer Park im heutigen Dessau-Wörlitzer Gartenreich verdanken. Anlässlich eines seiner Besuche dort hielt er im Tagebuch am 18. Mai 1778 begeistert und berührt fest: „Nach Tische ... die Tour vom Park im Regen. Wie das Vorüberschweben eines leisen Traumbilds."

 KINDER IM GARTEN? EHER SCHWIERIG – SEHEN SIE SELBST AUF SEITE 126.

Mode für die elegante Pariserin um 1897
war zwar eher hinderlich – aber warm.

Die berühmte Schauspielerin Corona Schröter, von
Goethe heiß begehrt – doch angeblich nie erobert –, schuf
dieses bemerkenswerte Selbstporträt um 1780.

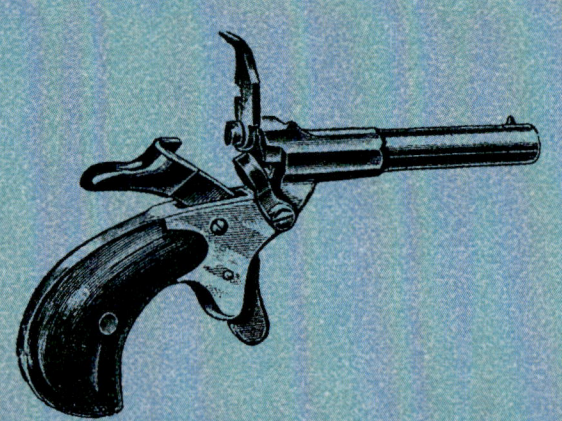

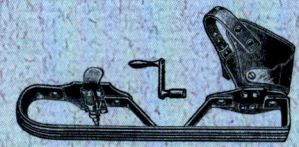

SCHÖNE DAMEN, EISLAUF UND FEUERWERK

„Und es schlingt ununterbrochen/ Immer sich der Freudenkreis/
Durch die zweiundfünfzig Wochen;/ Wenn man's recht zu führen weiß,/
Spiel und Tanz, Gespräch, Theater,/ Sie erfrischen unser Blut;/
Laßt den Wienern ihren Prater;/ Weimar, Jena, da ist's gut!"
Johann Wolfgang von Goethe, Die Lustigen von Weimar

Als Goethe – ein jugendlich-fröhlicher Playboy und noch nicht zum wandelnden Dichterdenkmal erstarrt – nach Weimar kam, musste er sogar im Winter Gartenfeste für den Hof organisieren. Schon in Frankfurt war er begeistert Schlittschuh gelaufen und zuweilen eingebrochen: „Ich bin herausgepaddelt wie eine Sau", schrieb er einmal an eine Tante. In Weimar reifte er zum Impresario nächtlicher Eislauffeste, deren Star eine von ihm angehimmelte Schauspielerin war. Ihr Anblick brannte sich auch dem jungen K. W. v. Lyncker ein: „Den Teich im Baumgarten … benutzte man zu dieser Kunst. Der Herzog selbst fuhr eine Zeitlang fast täglich; auch die regierende Herzogin … Die Corona Schröter hatte viel Fertigkeit darin erlangt, ihre schöne Figur nahm sich dabei vortrefflich aus … Als später die Schwanseewiesen überschwemmt wurden, gab der Herzog dort größere Feste, sogar Eis-Maskeraden und Illuminationen … Der Herzog, sowie Goethe ließen uns Kunststücke erlernen. Wir mussten nämlich im vollen Schlittschuhfahren Äpfel mit bloßen Degenspitzen aufspießen, über Stangen springen, wurden gleich Hasen mit Parforcepeitschen gehetzt; ja, man schoss aus nur mit Pulver geladenen Pistolen hinter drein … Bei einer nächtlichen Maskerade mit Illumination erhielten wir Teufelsmasken und mussten die Damen, welche nicht selbst Schlittschuh fuhren, auf dem Schlitten zwischen erleuchteten Pyramiden und feuerspeienden Raketen und Schwärmern herumkutschieren. Auf unseren mit Teufelshörnern versehenen Mützen waren Schwärmer angebracht, welche die vorbeifahrenden Herren mit brennenden Lunten anzündeten … "

Wie bieder wirken dagegen die heute jeden geeigneten oder ungeeigneten Stadtplatz im Winter verunstaltenden Eislaufbahnen. Ob es der Gendarmenmarkt in Berlin oder der Stachus in München ist, gnadenlos dröhnt Musik, und klebriger Glühwein wird in Plastikbechern ausgeschenkt.

 ER WAR EBEN EINER DER GRÖSSTEN. WIE DER GROSSE MEISTER EINEN FISCH FÄNGT, IST AUF SEITE 49 NACHZULESEN. EINEN BAUM SIEHT MAN IHN HINGEGEN AUF SEITE 53 PFLANZEN.

Angelika Kauffmann malte sich 1753 im Alter von zwölf Jahren als Sängerin mit Notenblatt.

GOETHES PINIE VERDUNKELT DEN GARTEN
DER ANGELIKA KAUFFMANN

Nicht allen ist es gegeben, sich das zukünftige Aussehen von Gärten nach Jahren pflanzlichen Heranwachsens vorstellen zu können. Goethe entwickelte auf seiner italienischen Reise die heute so berühmte These „Alles ist Blatt" und die Theorie der „Urpflanze". Seine diesbezüglichen Forschungen erforderten zahlreiche Beobachtungen an Keimlingen, die er wahrscheinlich in Blumentöpfen oder Pflanztrögen auf einem Tisch im Freien unternahm:

„Pinienkerne gingen gar merkwürdig auf, sie huben sich, wie in einem Ei eingeschlossen, empor, warfen aber diese Haube bald ab und zeigten in einem Kranze von grünen Nadeln schon die Anfänge einer künftigen Bestimmung. Vor meiner Abreise pflanzte ich das schon einigermaßen erwachsene Vorbildchen eines künftigen Baumes in den Garten der Madame Angelika, wo er zu einer ansehnlichen Höhe durch manche Jahre gedieh."

Mit der damals sehr bekannten Malerin Angelika Kauffmann (1741–1807) war Goethe eng befreundet. Sie muss ihn bis an das Ende ihrer Tage außerordentlich geschätzt haben, denn sie ließ seine Pinie wachsen und wachsen. Es hat den Anschein, als habe es in Angelikas Garten in späteren Jahren nur noch eine einzige Pflanze gegeben: Goethes Pinie – der Rest war Schatten! „Teilnehmende Reisende erzählten mir davon zu wechselseitigem Vergnügen." Für deutsche Besucher war Goethes Pinie wohl ein Anziehungspunkt. Da Angelika unter diesen Besuchern auf Käufer für ihre Gemälde hoffen konnte, dürfte ihr der Pinien-Tourismus gar nicht unwillkommen gewesen sein.

„Leider fand es der nach ihrem Ableben eintretende Besitzer zu wunderlich, auf seinen Blumenbeeten eine Pinie ganz unörtlich hervorgewachsen zu sehen, und verbrannte sie sogleich."

ZUWEILEN VERKENNEN GARTENBESITZER DIE ZUKÜNFTIGE ENTWICKLUNG IHRER PFLANZEN! ÄHNLICHE ANFANGSPROBLEME BEGLEITEN AUCH DAS EHEPAAR SACKVILLE-WEST AUF SISSINGHURST CASTLE – SIEHE SEITE 146.

T. 135.

Englische Pflanzenjäger suchten jahrzehntelang nach geeignetem Enzian,
der im milden Klima Englands auf niedriger Meereshöhe gedeihen konnte.

ENZIAN AM THEMSEUFER

Die Schweizer Attraktion schlechthin war für englische und deutsche Touristen im 18. und 19. Jahrhundert die 1728 erbaute Teufelsbrücke über die Reuß in der Teufelsschlucht im Kanton Uri auf dem Weg zum Sankt Gotthard. Die Mühen der Reisenden waren gewaltig, der Verkehr gering.

Angelockt durch Albrecht von Haller und Jean-Jacques Rousseau, die in ihren Werken die Majestät der Schweizer Bergwelt und die Natürlichkeit ihrer Bewohner lobten, kamen gegen Ende des 18. Jahrhunderts zahlreiche, vielfach adelige britische Touristen in die Schweiz. Auch die schwierige innenpolitische und religiöse Situation der vielsprachigen, zwischen großzügiger Toleranz und harten Glaubenskonflikten schwankenden Eidgenossenschaft war für die auf ihrer Grand Tour reisenden jungen Gentlemen ein interessantes Studienobjekt, bevor sie nach Neapel weiter reisten, um dort unter Anleitung von Sir William Hamilton den Vesuv zu besteigen oder die tänzerischen Darbietungen der Lady Hamilton zu bewundern.

Reisenden und Einheimischen am Ufer des Oberrheins war bald völlig klar, dass ein stromauf rudernder junger Mann nur ein Brite sein konnte, der seinen „Spleen" abreagierte: „Ah, an Englishman!" So wurde es gegen Ende des 18. Jahrhunderts jenseits des Kanals große Mode, von Alpenblumen und Gletschern zu schwärmen. Junge Literaten, wie der wortgewaltige Lord Byron und der Lyriker Percy Bysshe Shelley, fanden dann zu Beginn des 19. Jahrhunderts heraus, dass man als sportiver Engländer auch Fischerboote mieten und auf den herrlichen Schweizer Seen segeln kann. Shelleys Gefährtin Mary – „diese Loreley des Schreckens" – verarbeitete ihre Eindrücke vom *Mer de Glace* in den in der Schweiz und auf dem ewigen Eis des Nordmeers spielenden Kapiteln ihres späteren Bestsellers *Frankenstein or the Modern Prometheus*.

Manche naturkundlich gesonnenen Touristen sammelten wie Goethe nicht nur Mineralien und Pflanzen, sondern sie schleppten diese in Botanisiertrommeln und Herbarien auch mit nach Hause. Wohlhabende Besitzer großer Gärten ließen sich zur Erinnerung an ihre Schweizreisen Miniatur-Alpenlandschaften in ihren Gärten errichten. Dies ist eine der Wurzeln der vor allem in England grassierenden Mode der Steingärten. So ließ sich 1838 Lady Broughton im Park von Hoole House eine besonders aufwändige, 8 Meter hohe Miniatur-Ausgabe des Tals von Chamonix aus Quarz und Spat errichten. Den ewigen Gipfelschnee imitierte man mit weißem Marmor. 1848 vollendete Sir Joseph Paxton in Chatsworth einen Felsengarten mit Wasserfällen, und seit den 1850er-Jahren experimentierte man auf Biddulph Grange mit der Ansiedlung anspruchsvoller Alpenpflanzen. Der findige Unternehmer James Fullham brachte um 1850 sein spezielles, aus Bruchstein und Zement zu gießendes Baumaterial „Fullhamit" für Steingärten in den Handel.

Ein strategischer Grund unterstützte diese Entwicklung. Die sechs bis zehn Monate, die britische Schiffe nach Indien und Kap der guten Hoffnung unterwegs waren, währten zu lang. Wenigstens für die Post fand man mithilfe von Kamelreitern und von Pferden gezogenen Karren mit zwei riesigen Rädern einen um drei Monate kürzeren Weg durch die Landenge von Suez. Von den Häfen der Ligurischen See „raste" die Post dann mit Kutschen zum Pass des Mont Cenis und von dort wiederum mit Postkutschen und den gerade neu gebauten Eisenbahnlinien durch Frankreich zum Kanal. Doch am Mont Cenis gab es Probleme mit den keuchenden Pferden und Maultieren. So baute man 1863 mit britischem Kapital eine Schmalspur-Dampfeisenbahn über die volle Passhöhe von 2000 Metern, die aber trotz ihres Dreischienen-Systems häufig durch Lawinen ins Tal gerissen wurde. Daher bohrte man schließlich einen Tunnel. Diese enorme Bautätigkeit hatte den Nebeneffekt, dass ganze Heerscharen von englischen Ingenieuren, aber auch von Botanikern die Schweiz überfielen, vor allem, weil nun in der Eidgenossenschaft dank des Wagemuts der Briten ein Eisenbahnfieber ausbrach. Dies alles ließ die Alpenflora der Schweiz in Großbritannien außerordentlich populär werden.

Zwar belebten englische Aristokraten ihre Steingärten zuweilen mit jodelnden Sennerinnen und lederbehosten Hirten, doch eine echte alpine Bepflanzung stieß an den Ufern der Themse – bedingt durch das allzu milde Klima und die geringe Meereshöhe – auf beträchtliche Schwierigkeiten. Besonders der Enzian erforderte permanente liebevolle Pflege durch Berufsgärtner. Schon 1786 beobachtete Goethe auf seiner Reise nach Italien noch auf bayrischem Boden: „Hinter Benediktbeuern das Gebirge herauf und am Walchensee … fand ich die ersten Gentiana."

Goethe vermutete, dass nicht nur die Höhe über dem Meeresspiegel wichtig sei, sondern auch das Vorhandensein von Wasser: „Immer war es das Wasser, in des-

sen Nähe ich die neuen Pflanzen zuerst fand." Daraus entwickelte er seine eigene Theorie: „Überhaupt über den Einfluss der Barometrischen Höhe auf die Pflanzen …" und konstatierte: „Die mehr elastische Luft wirkt auf die Organe der Pflanze … "

Wie auch immer – ohne die Hilfe von Berufsgärtnern gelang es bürgerlichen Gartenbesitzern so gut wie nie, Enzian in England längere Zeit am Leben zu erhalten. Doch dank intensivster botanischer Feldforschung meist britischer Pflanzenjäger glückte es schließlich doch, geeignete kaukasische und chinesische Enzian-Arten aufzufinden, insbesondere den eigentlich schon länger bekannten „siebenspaltigen" Enzian. Als blühwillig und besser vermehrbar erwies sich der in Georgien heimische „liegende Kranz-Enzian" mit leuchtend blauen Blüten. Von den Hochgebirgen des südlichen China stammt der „Oktober-Enzian" mit außen tief purpurblauen Blüten und gelblich weißen Streifen.

Empfehlung: Dem von der Betrachtung der Vogelbeervorkommen im Gotthard-Massiv und der Baumgrenze auf 2000 bis 2200 Metern Höhe ermüdeten Naturfreund sei die Lektüre von Goethes Tagebuch seiner Schweizreise ans Herz gelegt. Nachdem er am 20. Juni 1775 zum Sankt Gotthard aufgestiegen war – „allmächtig, schröcklich" –, zog es ihn am 21. wieder ins Urner Loch im Tal herab: „An der Matte trefflicher Käse. Sauwohl."

 WENN SIE KEIN NATIONALIST ODER DEUTSCHTÜMLER SIND, SOLLTEN SIE „EIN ‚FEINES GESCHÖPF' AUS DER FREMDE" LESEN – SIEHE SEITE 17.

Johann Ulrich Fitzi, *Das Hospitium auf dem Gotthard*, 1826.
Drei Wanderer und der Künstler in tief verschneiter Landschaft.

DIE ROSEN VON MALMAISON

„Tief unglücklich während der Regierung ihres Ehemanns, suchte sie vor seinen Brutalitäten und seiner Vernachlässigung Zuflucht im Studium der Botanik."

Mit diesen herben Worten teilte ein Beamter König Ludwigs XVIII. mit, dass Josephine de Beauharnais, die geschiedene Gattin des zu diesem Zeitpunkt nach Elba verbannten Napoleon Bonaparte, am Pfingstmontag 1814 verstorben sei. Doch beginnen wir von vorn. Im März 1796 ehelichte ein 26-jähriger französischer Artillerieoffizier, der im Trauschein behauptete, er sei wie seine Braut 28, die lebenslustige, in Wahrheit 32-jährige Josephine, deren Name Marie-Joseph Rose Tascher de la Pagerie wir uns in voller Länge merken müssen, da jeder Teil davon bald darauf in die botanische Nomenklatur eingehen sollte. Schon kurz darauf durfte Napoleon Bonaparte als ewig siegender, aber meist abwesender Feldherr schmerzlich bemerken, dass ihm Josephine mit erstaunlich jungen Herren Hörner aufsetzte. Unbezahlte Rechnungen in exorbitanter Höhe ließen ihn auch erkennen, dass er die bis heute bedeutendste Amateurbotanikerin geehelicht hatte. 1799 konnte es sich Josephine leisten – ihr Mann siegte gerade in Italien –, Schloss Malmaison bei Paris auf Kredit zu erwerben und durch Zukauf – insbesondere, als sich Napoleon an die Spitze des Staates geputscht

hatte – dort einen der größten, prachtvollsten, mit den seltensten Pflanzen bestandenen „Garten" anzulegen. Es ist unbekannt, ob Napoleons Annahme, Alexander von Humboldt sei ein gefährlicher preußischer Spion, nicht doch stimmte. Um aber in Frankreich publizieren zu können, benötigte Alexander zumindest Bonapartes Duldung. Da er durch ausgedehnteste Briefwechsel an den entlegensten Orten über alles bestens unterrichtet war, erkannte er auch am fernen Orinoko, dass sich Josephine zu Napoleons botanischer Achillesverse entwickelte. Um sie für sich und seinen Gefährten Aimé Bonpland einzunehmen, ließ er ihr regelmäßig Samen und Setzlinge tropischer Pflanzen zukommen. Daher war es für Humboldt nicht besonders schwierig, Josephine nach der triumphalen Rückkehr 1804 seinen Reisebegleiter als Botaniker zu empfehlen. Kaiserin Josephine begann bald – so der Klatsch –, diesen über Gebühr zu bevorzugen. Insbesondere machte sich Bonpland um die Bepflanzung des von ihr konzipierten Gewächshauses verdient:

„Um seine Schlossherrin, die sich langweilt, zu zerstreuen, verfällt Aimé Bonpland darauf, ein Frühstück im

Kaiserin Josephine im duftigen, bodenlangen und durchsichtigen Tüllkleid
im Garten von Malmaison. Der Schal ist ihr von der Schulter geglitten – wenige
Jahre später wird sie an einer Lungenentzündung sterben!
Pierre Paul Prudhon, 1805.

großen Warmhaus zu veranstalten; das im Jahre 1803 ... erbaut und seitdem ständig vergrößert und verbessert worden war ... Dieses intime Frühstück zu achtzehn Gedecken unter Palmen und Orangenbäumen, zwischen amerikanischen Kakteen und chinesischen Pfingstrosen fand am 4. Mai 1812 mit solchem Erfolg statt, daß es drei Wochen später wiederholt werden musste ... Nach dem Frühstück trennt sich Josephine von ihrem Gefolge und geht mit ihrem Botaniker durch die Gänge ... Dann ziehen sie sich in die Bibliothek zurück."
Wohlgemerkt ohne Gefolge. Solche Vertraulichkeiten Josephines nährten den Hofklatsch.

Jedoch ging ihre Bedeutung weit über ihren eigenen Garten hinaus. So förderte und unterstützte sie André Dupont, dem es als Erstem um 1811 gelungen war, Hybridrosen zu züchten, indem er gezielt Pollen einer bestimmten Elternpflanze manuell auf die Stempel einer anderen übertrug. Damit begann das bis heute anhaltende Zeitalter der Zuchtrosen. Zwar neigte Dupont zu einer solchen Geheimniskrämerei, dass seine Konkurrenten behaupteten, er habe gar keine neue Methode der Rosenzucht. Doch gelang es ihm nicht, sein Geheimnis zu bewahren. Frankreich entwickelte sich daher bald zum Weltzentrum der Rosenzucht.

Trotz der Kontinentalsperre, mit der Napoleon das europäische Festland gegenüber Großbritannien abgeschottet hatte, erlaubte er den von ihm mit Diplomatenpässen ausgestatteten Gärtnern seiner Gattin Josephine, zu Pflanzen- und Samenhandlungen nach London oder gleich nach Kew Gardens zu reisen. Umgekehrt besuchten ebenfalls mit Diplomatenpässen versehene englische Pflanzenhändler Josephine in Frankreich. Es wird vermutet, dass diese in ihren „Serres portatives" – verglasten, tragbaren Kleinstgewächshäusern – nicht nur Päonien, sondern auch diplomatische Post beförderten.

Diese Büste Kaiserin Josephines von Joseph Chinard 1805 erklärt mühelos ihre großen Erfolge auf dem Schlachtfeld der Liebe. Armer Napoleon! Armer Bonpland!

 NOCH MEHR FRAUEN-POWER IM GARTEN: WEITER AUF SEITE 144 ODER SEITE 146.

Malmaison.

Schloss Malmaison steht noch und kann besichtigt werden *(www.chateau-malmaison.fr)*. Nur die berühmten Gewächshäuser hat man leider abgerissen. Johann Baptist Hössel, Kupferstich, 19. Jahrhundert.

Die spannungsgeladene und Fantasie anregende Beziehung zwischen Napoleon und Josephine wurde 1927 verfilmt. Georges Gaumont Scott, Filmplakat zu *Bonaparte et Josephine*.

GRASFLECKEN AUF DER SEIDENHOSE
DES MINISTERS

Jacques-Louis David, „Erster Maler" im Empire Napoleons, war der erfolgreichste Wendehals der französischen Kunstgeschichte. Vor der Französischen Revolution porträtierte er für höchste Honorare Aristokraten, deren Hinrichtung er während der Schreckensherrschaft später mitleidlos befürwortete. Zugleich stützte er die Revolutionsideologie sowie den Staatskult des „Höchsten Wesens" durch Propagandagemälde wie *Der ermordete Marat* und verherrlichte den Aufstieg Napoleons auf riesigen Leinwänden. Schon während der Schreckensherrschaft, dann unter dem Direktorium, dem Konsulat und auch im Kaiserreich wirkte er als Zeremonienmeister groß angelegter Staatsfeste und Designer von prächtigsten, extrem teuren und lächerlich aufgedonnerten Seidenroben für Minister, Abgeordnete und sonstige Staatsdiener. Dieser Aufwand sollte die Lyoner Seidenindustrie fördern.

Bonaparte war als Erster Konsul der alles entscheidende Militärdiktator, der es liebte, auch in Schloss Malmaison bei Paris eine befremdlich militärische Attitüde zur Schau zu stellen. Auf einer Wiese ließ er drei Pavillons errichten. Zwei beherbergten Einheiten der Garde. Der dritte, Napoleons Arbeitszimmer, war als Feldherrnzelt gestaltet und wurde von ihm reichlich euphemistisch „Pavillon der Freiheit" genannt. Er sah nur aus wie ein Zelt, in Wahrheit handelte es sich um ein gemauertes Bauwerk. Für die damals moderne Gusseisen-Glas-Architektur hatte Napoleon, konservativ wie viele Emporkömmlinge, nichts übrig. Auch hegte er sadistische Neigungen und quälte Menschen seiner Umgebung. So lud er seine Minister gern zu Kabinettssitzungen im Freien und bat sie, sich bequem auf dem Rasen niederzulassen. Der körperbehinderte, hinkende Charles Maurice de Talleyrand schrieb zornerfüllt einem Bekannten:

„Wissen Sie … wo der Erste Konsul sein Arbeitszimmer hat? Auf einer der Rasenflächen. Alle saßen im Gras. Ihm macht das natürlich nichts aus, er ist schließlich an Feldlager gewöhnt und trägt Stiefel und lederne Hosen. Aber ich! In Seidenhosen und Seidenstrümpfen auf dem Rasen sitzen! Können Sie sich das vorstellen? Ich bin nun einmal ein Krüppel mit Rheuma in den Knochen … Er glaubt sich immer in seinem Biwak."

Talleyrand, ursprünglich Bischof von Autun, während der Schreckensherrschaft Grundstücksmakler in den USA und später lange Jahre Napoleons Außenminister, gehörte – Ironie der Geschichte – zu den wenigen, die David auf den Monumentalgemälden *Der Schwur im Ballhaus* oder *Die Krönung Napoleons* sitzend dargestellt hat.

 EHER GRUSELIGES AUS DEM NAPOLEONISCHEN ZEITALTER IST AUF SEITE 92 ZU FINDEN.

Ob Napoleon Bonaparte wirklich
auf dem Rasen von Malmaison
mit seiner Josephine in voller
Uniform und Hut Fangen spielte,
ist nicht überliefert. Merkwürdi-
gerweise zeigt diese Darstellung
nur Rasen und nicht die von
Josephine so geliebten Rosen.
Ausschnitt aus François Flameng,
Reception at Malmaison, 1802

Selbstporträt des Malers Jacques Louis
David von 1794 – als politischer Wendehals war er ebenso beweglich wie mit
dem Pinsel: während der Monarchie Port-
rätist der oberen Zehntausend, während
der Revolution Chef-Zeremonienmeister
des Staatskults. Er entwarf noch die
seidenen Amtsroben des Konsulats und
dann Napoleons Krönungsornat.

Wohnt die Geliebte weiter weg,
so ist es schwierig, ihr einen
Strauß zu schicken. Gegen Ende
des 19. Jahrhunderts behalf man
sich mit – häufig schon synthe-
tischen – Essenzen.

Lebkuchen-Devise um 1920.
Dergleichen Blumenbildchen klebte
man einst auf die Lebkuchen, die
man an seine Liebste verschenkte.

Süß, wie dieses hier von Kuchen
soll man sich ein Herz erst suchen.
Aber Deins, das ist gewiß,
ist noch hundertmal so süß.

Postkarte mit Nelkenduft.

Um 1900 waren Duft-Postkarten
groß in Mode. Die notwendigen
Rosenöle bezog man damals meist
noch aus dem Orient, obwohl die
Firma „Schimmel" in Sachsen
große Plantagen betrieb.

SAG ES DURCH DIE BLUME

In früherer Zeit verstand man unter der Sprache der Blumen tatsächlich lesbare Botschaften. Daher gab es „sprechend bepflanzte" Gartenflecken, z.B. den Ort, wo man einstens seine spätere Gattin zum ersten Mal geküsst hatte, die man mit Pflanzen der Treue bestellte. Wusste man nicht, welche das waren, holte man sich in der großen Fülle der Handbücher Rat. Besonders beliebt war *Die Sprache der Blumen* von Charlotte de La Tour, erstmals erschienen 1819, die 12. Auflage kam 1876 heraus. Diesem Werk konnte man in unzähligen Beispielen entnehmen, welche Bedeutung bestimmten Blumen in Stillleben zukommt, welche man wann schenkt oder warum man sie pflanzt. Einige Beispiele: Goldregen symbolisiert Zauber, die Stockrose Herbst, Tod und Ende, aber auch Fruchtbarkeit, Mohn dagegen Trost und Dahlien Dankbarkeit, Erdbeeren signalisieren eine Liebeserklärung. Für Treue standen Buchsbaum und Kornblumen. Die Kiefer verkündete eine lange und glückliche Ehe.

Die reiche Liebeslyrik des alten, aber auch insbesondere des islamischen Orients trug viel zur Blumensprache bei …

Nach jahrhundertelanger Blütezeit begann die „Sprache der Blumen" in der zweiten Hälfte des 19. Jahrhunderts dahinzuwelken, auch wenn sich bis heute einige Relikte erhalten haben. So ist nach wie vor die rote Rose das Symbol der Liebe und die Myrte im Brautkranz signalisiert Jungfräulichkeit. Allerdings gibt es zaghafte Ansätze einer neuen Blumensprache. So wird der im Winter blühende Weihnachtsstern mit dem Christfest verbunden, alten Bäumen besondere Kraft zugetraut, und die Margerite funktioniert als Liebesorakel.

 „DIE SPRACHE DER BLUMEN" HAT AUCH EINE RELIGIÖSE SEITE. GÄRTEN WAREN BELIEBTE ORTE FÜR EINE KOMMUNIKATION MIT DEM JENSEITS, WIE SIE AUF SEITE 23 ODER AUF SEITE 78 SEHEN.

B XIII.   Taf.11.

LXXIV. Der Frauen Schenckel.

Was im *Teutschen Obstgärtner* von 1800 noch als Idealbild galt,
ist im 20. Jahrhundert nicht mehr gefragt.

Dank dem heutigen Schlank-
heitswahn – nie zuvor gab
es magersüchtige Mädchen!
– ist die Birne eine wahre
weibliche Horrorvision.

66

BIRNE ODER NICHT BIRNE?

WIE EROTISCH IST DER ANBLICK REIFER FRÜCHTE?

In der Zeitschrift *Teutscher Obstgärtner* wurde 1800 die Farb-tafel einer rosigen „Frauenschenkelbirne" veröffentlicht, die mit ihrer schwellen-den, prall-reifen Form sicherlich als erotisch empfunden wurde. Wie die etwas deftigere französische Bezeichnung 'Cuisse Madame' – deutsch etwa „Damenkeule" – verrät, war Frankreich die Heimat dieser aromatisch süßen Birne.

Die alten deutschen Birnensorten dagegen galten ungekocht als ungenießbar, es sei denn, man servierte sie in Wein. Deshalb auch die ausgesprochen hässlichen Namen: Brechbirne, Sauerbirne, Weibersterben, Weingifter und Würgbirne. Die „Kodden" (Birnen) des durch Theodor Fontane noch heute berühmten Birn-baums auf dem Friedhof von Ribbeck im Havelland galten nach Meinung des Pfarrers als so sauer, dass „sie auch das größte Loch im Strumpf zusammengezo-gen hätten", dermaßen scharf war die adstringierende Wirkung dieser Früchte. Erst im 19. Jahrhundert glückte im deutschen Obstbau die Einführung von Bir-nen, die man auch roh genießen konnte.

Marcel Proust – ein Meister der subtilen Sprache, aber auch ein großer Kenner der Abgründe der menschlichen Seele und gleichzeitig Bewunderer des Rokoko-malers Jean-Baptiste Siméon Chardin – fand für die erotische Wirkung reifer Birnen einen einzigartigen Satz: „Wir haben von Chardin gelernt, dass eine Birne so lebendig ist wie eine Frau – indem er uns die reale Welt eröffnet, reißt er uns auf das Meer der Schönheit mit."

FRAUEN TRICKSEN NICHT NUR BEI DER FIGUR – SIE KÖNNEN AUCH SONST SCHWIERIG SEIN – SIEHE „EIN VERLORNENER ROSENKRIEG" AUF SEITE 124 UND „KAMPF DEM UNKRAUT" AUF SEITE 148.

9 Paris. Wintergarten der Prinzessin Mathilde V. Bonaparte, um 1869 (ahgerenzel)

Wir wissen nicht, ob uns
der Wintergarten der
Prinzessin Mathilde noch
heute gefallen würde.
Damals galt er als der
schönste der Welt.
Holzstich, um 1869.

Eingangshalle des gläsernen Gewächshauses der Kaiserin Josephine in Malmaison.
In ihrer Architektur und als von einer Frau konzipiert galt sie als einzigartiges Bauwerk.
Auguste Garnerey, *Im Wintergarten von Malmaison*, um 1816.

DIE WINTERGÄRTEN DER PRINZESSIN
MATHILDE BONAPARTE

„Ist das Gewächshaus schon bei Tag ein Juwel, wie viel mehr bei Nacht, ... wenn die Lüster angezündet werden ... Dann bietet es einen wahrhaft feenhaften Anblick ...,"

Schrieb 1869 ein begeisterter Journalist über den in ganz Europa hochgerühmten Pariser Wintergarten der Prinzessin Mathilde Lätitia Wilhelmine Bonaparte (1820–1904), der ihrem schöngeistigen Salon als Rahmen diente. „Das leichte Gebäude mit seinen eisernen Säulen ... verlängert sich auf beiden Seiten ..., wodurch es unmöglich ist, zu gleicher Zeit die beiden Enden zu sehen ... Es ist gleichzeitig Salon, Galerie, Kuriositätenkabinett ... Türkische, persische und kabylische Teppiche bedecken den ganzen Boden ..., die zarten Seidenschuhe fühlen niemals auch nur das kleinste Sandkörnchen unter der schmalen Sohle. Man sieht nirgends Boden in diesem Garten, als wo aus marmorgesäumten Beeten Riesenpflanzen zur Kristalldecke empor streben ... Zwischen dichten Büschen taucht da und dort eine Statue auf." Besonders prächtig waren die Abendempfänge: „... es rauschen die Schleppen von Seide, Sammet und Spitzen ... und die von Sternen und Orden übersäten schwarzgekleideten Herren suchen einen Winkel zur Plauderei ... Maler, Dichter, Schriftsteller, Reisende ..."

Tatsächlich glaubten die Literaten, der Salon sei „eine Art Ministerium für Gunstbezeugungen". So rettete Mathilde dank der guten Beziehungen zu ihrem Vetter Napoleon III. den wegen Sittenverderbnis angeklagten Gustave Flaubert, als dieser es gewagt hatte, in seinem Roman *Madame Bovary* eine intime Liebesszene in einer über Kopfsteinpflaster rumpelnden Kutsche anzudeuten. Flaubert wurde nicht nur freigesprochen, die Prinzessin verschaffte ihm auch das Kreuz der Ehrenlegion. Flaubert war dankbar. Als im Krieg 1870/71 deutsche Armeen in Frankreich einfielen, vergrub er hilfsbereit

Mathildes Tafelsilber in seinem normannischen Garten. Hier lernen wir einen weiteren großen Nutzen eigener Gärten kennen. In Notzeiten kann man in ihnen allerlei Wertvolles vergraben. Dabei gibt es aber zwei Probleme. Wenn man zum Spaten greift, sollte man sich keinesfalls von übelwollenden Nachbarn beobachten lassen. Die Hauptschwierigkeit ist jedoch nicht das Vergraben, sondern das Wiederfinden. Das menschliche Erinnerungsvermögen ist trügerisch. Es ist daher äußerst empfehlenswert, eine genaue Karte zu zeichnen. Nicht wiedergefundene Schätze aller Völker aller Zeiten bereichern heute unsere archäologischen Museen. Zwar war Mathilde nach dem Deutsch-Französischen Krieg gezwungen, ihren großen Wintergarten in der Rue de Courcelles aufzugeben – dessen Vorbild höchstwahrscheinlich das große Treibhaus Kaiserin Josephines in Malmaison gewesen war –, doch gelang es ihr, nicht zuletzt dank des geretteten Tafelsilbers, in der Rue de Berry einen zweiten Salon in einem zwar kleineren, dafür aber noch eleganteren Wintergarten wieder zu eröffnen. Seit 1891 war dort der junge, noch völlig unbekannte Marcel Proust ein bevorzugter Gast. Die Prinzessin hatte ihn in ihr Herz geschlossen. In langen Gesprächen unter Palmen und exotischen Blumen ließ sie ihn an ihren weit zurückreichenden Erinnerungen teilhaben. In seinen *Essays* setzte ihr Proust als einer der großen Anregerinnen zur *Suche nach der verlorenen Zeit* dankbar ein literarisches Denkmal. So hat Mathilde in ihren Wintergärten glücklich in das Leben zwei der größten Romanciers ihrer Epoche eingegriffen und die Weltliteratur bereichert.

FLAUBERT SUCHT ERHOLUNG VOM GESELLSCHAFTLICHEN PARKETT AUF SEITE 86. ATEMBERAUBENDE GEWÄCHSHÄUSER FINDEN SICH AUF SEITE 58 WIE AUCH AUF SEITE 104.

Fig. 28.

Fig. 26. A.

Fig. 26. B

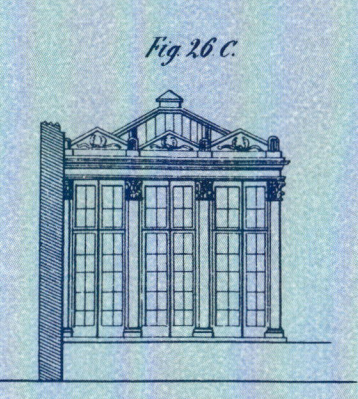

Fig. 26. C.

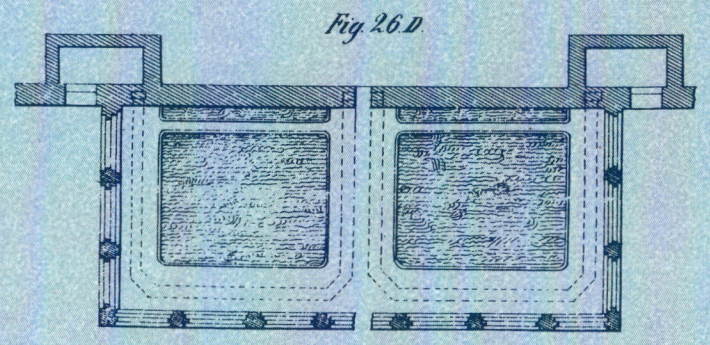

Fig. 26. D

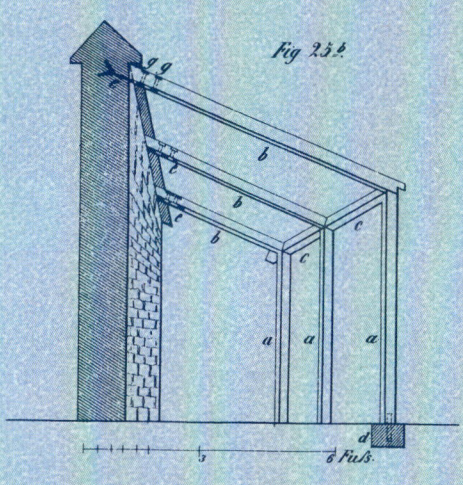

Fig. 25.

Fig. 27.

Zu einem ordentlichen Herrensitz gehörten
im 19. Jahrhundert aufwändigste Wintergärten
sowie Treib- und Gewächshäuser. Mit ihren
exotischen Pflanzen und bizarrer architek-
tonischer Gestaltung signalisierten sie Reichtum und Kultiviertheit ihrer Besitzer.

71

LOB DES RASENMÄHERS

„An schönen Tagen blieb Jean nach dem Mittagessen … auf dem Rasen hingestreckt … Die ganze Rasenfläche war dann von der Sonne bestrahlt, … ganz von Sonne durchdrungen und getränkt. Ja … – gesättigt von ihr, die für Augenblicke auf der Spitze eines Grases sichtbar wurde.“
Marcel Proust, Jean Santeuil

Manchmal sind große Erfinder, die das Erscheinungsbild unserer Welt gründlich veränderten, völlig vergessen. Wer kennt denn heute noch Edwin Beard Budding und seinen 1830 patentierten „Spindelmäher"? Dabei revolutionierte Budding gründlich die Gartenkultur. Das, war wir heute Rasen nennen, kannte man früher nicht. Die Pflanzen auf einer Wiese wachsen unterschiedlich hoch und zeigen bunte Blüten. Rasen dagegen besteht nur aus Gras möglichst gleicher Sorte und wird auf gleiche Höhe gemäht. In einem gepflegten Rasen gibt es weder blühende Kräuter noch Wiesenblumen.

Früher musste das Gras mindestens die Höhe erreichen, die die Verwendung einer Sense gestattete. Besitzer großer Gärten hielten sich Rinder- oder Schafherden als biologische Mähmaschinen. Diese hatten allerdings zwei Nachteile: Tiere mögen nicht alle Gräser und lassen daher manche stehen, die nachgemäht werden müssen. Auch hinterlassen sie Exkremente, die zwar die Wiesen düngen, doch bei intensiv betriebenem Rasensport empfindlich stören. Zudem war es schwierig, zwischen Beeten enge Grasflächen mit der Sense zu mähen oder Unkraut unter hängendem Geäst zu erreichen. Der Spindel-Rasenmäher löste alle diese Aufgaben problemlos.

Dass das Gerät dann 1832 fabrikmäßig produziert wurde, hatte gute Gründe. Damals erreichte die brutale Kolonisierung Indiens durch die Briten ihren ersten Höhepunkt. Die nach ihrer Dienstzeit bei der Ostindische-Kompanie mit reicher Beute zurückkommenden Beamten und Offiziere bildeten eine neue soziale Schicht, die sich im Umfeld der Großstädte niederließ. Zwar waren ihre Villen-

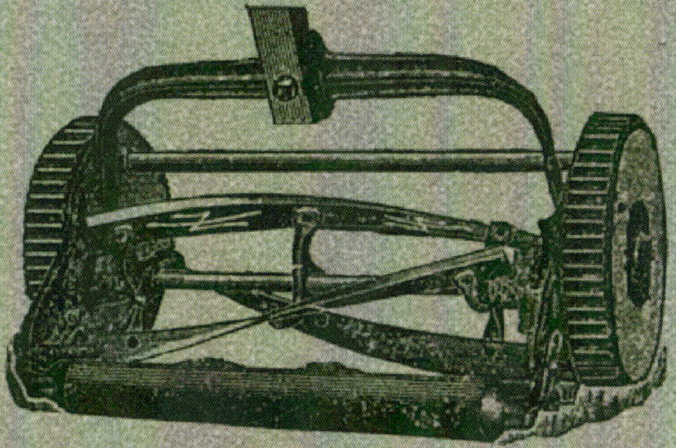

Wie der Name schon sagt: Rasensport
kann man nur auf Rasen treiben. England
war nicht nur die Heimat des gepflegten
Rasens, sondern auch entsprechender
Sportarten wie hier des Bogenschießens.
Wie diese Abbildung vom Ende des
19.Jahrhunderts zeigt, war anfänglich
spezielle Sportkleidung noch unbekannt.

grundstücke nicht ganz klein, aber für Schafe doch nicht groß genug. Daher brauchte es einen mechanischen Ersatz für diese biologischen Rasenmäher.

Der eher kleine, mit beiden Händen kraftvoll zu schiebende Spindelmäher ist trickreich konstruiert. Das Wägelchen läuft auf zwei zirka 30 Zentimeter hohen Rädern an beiden Enden einer etwa 120 Zentimeter langen Achse. Im Inneren der Räder sind Übersetzungen eingebaut, die beim Fahren die Spindel mit meist drei geschweiften Messern in schnelle Drehung versetzen. Diese streichen über ein starres großes unteres Messer. Das Gerät funktioniert wie eine Schere und schneidet die Grashalme einfach ab. Hinter dieser Schere ist als eine Art drittes Rad eine Walze eingebaut, die den Abstand des Schneidemechanismus zum Boden definiert. Die Schnitthöhe lässt sich durch Schrauben einstellen, ebenso der Abstand zwischen dem festen und den beweglichen Messern. Die Handhabung ist einfach – wenn auch ein wenig anstrengend. Die einzigartige Genialität dieses Maschinchens lässt sich daran ablesen, dass es in den letzten eindreiviertel Jahrhunderten konst-

ruktiv nicht wesentlich verändert wurde und nach wie vor zu kaufen ist.

Noch heute bevorzugen Rasenspezialisten, trotz der inzwischen verfügbaren Motormäher, an Traktoren montierte große Spindelmäher – mit drei Spindeln, eine vor dem Fahrzeug und je eine ausklappbar an jeder Seite mit einer Gesamtbreite von rund 6 Metern. Der Grund: Der saubere Schnitt des Spindelmähers lässt den geschnittenen Rasen grüner erscheinen. Die Motormäher mit rotierenden Messern, im Handel seit etwa 1930, sind zwar weitaus preiswerter. Da sie aber die Grashalme weniger schneiden als abhacken, zeigen diese unter der Lupe eine reichlich ausgefranste Schnittfläche. Diese Rohheit rächt sich durch einen breiteren braunen Rand, der die von britischen Aristokraten dominierte „Internationale Rasengesellschaft" ganz erheblich stört. So motivierte sie deutsche Chemiker zu Forschungen über das Rasengrün intensivierende Chemikalien. Die Überlegung, dass der braune Rand weniger auffällt, wenn man den Rasen seltener mäht, führte zum Einsatz wachstumshemmender Chemikalien.

 JE KÜRZER DER RASEN, UMSO WENIGER FLECKEN MACHT ER AUF DER HOSE. ÜBER DEREN ENTSTEHUNG ERFAHREN SIE AUF SEITE 62.

"DAD--WE NEED A MONTAMOWER TOO"

DOES NOT SHAVE CROWN

TRIMS AS IT CUTS

Want to cut an extra wide swath?

Wie die strahlenden Gesichter verraten, genügt es, Gartengeräte zu motorisieren, um die Begeisterung von Ehemännern und Söhnen zu erregen: je lauter, desto schöner. Abbildungen aus amerikanischen Reklameanzeigen der 30er-Jahre des 20. Jahrhunderts.

75

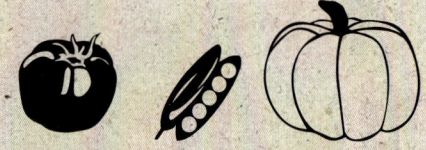

DAS HOHELIED DES GEMÜSEGARTENS

„Gartenarbeit ist gesund – und obendrein produktiver und befriedigender als eine Stunde im Fitness-Studio. Und der wichtigste Aspekt ist vielleicht, Kindern zu vermitteln, dass ihre Nahrung nicht aus den Regalen der Supermärkte kommt, sondern aus der Erde, die man deshalb pfleglich behandeln muss, damit sie auch künftige Generationen ernährt."
H.R.H. Charles, Prince of Wales

Auch in den gepflegten Ziergarten eines königlichen Schlosses sollte man ein wenig Gemüse pflanzen – dies ist jedenfalls die Meinung Seiner Königlichen Hoheit. Selbst ein kleines Beet ist nach seiner Überzeugung belehrend für Kinder und Enkel.

Das ganze Raffinement und die Gartenkultur früherer Zeiten zeigt uns der Gemüsegarten Claude Monets: Am Ende von Giverny lag sein 1 Hektar großer, ummauerter Gemüsegarten, der von einem Gärtner mit dem passenden Namen Florimond und mehreren Gehilfen bearbeitet wurde. Im Gegensatz zum „japanischen" Seerosengarten herrschten hier die gärtnerischen Traditionen des alten Potager-Gartens mit rechtwinkligen Beeten und schnurgeraden Wegen. Dank der Prominenz Monets sind wir über die Planung des Gemüse- und Obstanbaus, die Ernterituale sowie über spezielle Gemüsegerichte bestens unterrichtet. „Monet kauft auf allen Reisen Samen, tauscht mit anderen Gärtnern und versucht sich in der Zucht empfindlicher Pflanzen …

Höchstpersönlich blättert er die Gartenbau-Kataloge durch und gibt die Bestellungen auf, ob es sich um Samen, Pflanzen, Töpfe, Glashauben zum Schutz empfindlicher Pflanzen wie Melonen oder um Roggenstroh handelt, mit dem die Beete im Winter geschützt werden." Im Gegensatz zum Ziergarten herrscht beim Gemüse fast schon militärische Ordnung. „Die Stangenbohnen bilden regelrechte Alleen, die verschiedenen Kohlarten lösen einander ordentlich ab …" Doch auch hier gibt es zuweilen malerische Komponenten: „Zur Abgrenzung der Beete werden Kräuter und Gewürze wie Rosmarin, Thymian, Schnittlauch, Bohnenkraut …, Sauerampfer und natürlich Petersilie angepflanzt. Salbei und Oregano geben mit ihren blauen Blüten harmonische Farbtupfer ab …" Sorgfältig nach der Sonne ausgerichtete Terrassen sind empfindlichen Pflanzen vorbehalten, für die das Klima um Giverny zu rau ist: „Hier finden sich alle möglichen Tomatensorten, … die Artischocken *Vert de Provence,* die jung und roh geges-

Wem es schwer fällt, sich für Gemüse im Garten zu begeistern, dem sei die Lektüre von Goethes Briefen empfohlen. Die richtige Qualität von Artischocken beschäftigte ihn sehr. Sein Briefwechsel mit dem Komponisten Carl Friedrich Zelter handelt weniger von Musik als von „Teltower Rübchen".

sen werden. Auberginen, roter und grüner Paprika, Zucchini … und die köstlichen kleinen weißen Zwiebeln aus Ägypten, die in Essig eingelegt werden."
Jeden Morgen wählte Monet das von seiner Frau und deren Köchin bestellte Gemüse selbst aus. Schien es ihm nicht frisch genug, bekam Florimond Ärger. Monet erntete auch Obst: „An der sonnig gelegenen Mauer wachsen Spalierbäume, zwei Birnensorten …, durch eine kleine Allee von ihnen getrennt frei stehende Apfelspalierbäume …", die die für den gestürzten Apfelkuchen unentbehrliche *Reine de Reinettes* liefern. „Außerdem gibt es noch Kirschbäume aus Montmorency … und Mirabellenbäume …"
Dass die Freunde seltener Gemüse noch nicht ganz ausgestorben sind, kann man den Katalogen der Firma Manufactum entnehmen, in denen sogar Setzlinge und Samen angeboten werden, deren gewerblicher Anbau durch die normierende Gesetzgebung der Europäischen Union verboten ist. So retten Gemüsesnobs die Artenvielfalt.

 WENN SIE MIT IHREM GARTEN GELD VERDIENEN WOLLEN, WÄREN WEDER GEMÜSE NOCH SCHNITTLAUCH, SONDERN „HANF" EINE „BELIEBTE" PFLANZE – SIEHE SEITE 98.

DER „RELIGIÖSE" GARTEN

„Gepriesen seist du, mein Herr, / durch unsere Schwester, Mutter Erde, / die uns nährt und lenkt / und mannigfaltige Frucht hervorbringt / und bunte Blumen und Kräuter."
Hl. Franziskus von Assisi, Sonnengesang, *um 1224*

Gärten, die die religiöse Haltung ihrer Besitzer spiegeln, sind heute eher selten. Früher gab es vor allem im Süden Deutschlands viele kleine bis lebensgroße, weiß-blau gewandete Lourdes-Madonnen in künstlichen Grotten aus heimischem Sintertuffstein. Im geschützten Eingang wurden Kerzen aufgestellt und davor Beete mit vorzugsweise weißen Lilien gepflanzt. Die meisten dieser Lourdes-Grotten sind in den letzten Jahrzehnten abgetragen oder in Steingärten umgewandelt worden.

Da man besonders in Süddeutschland Religiöses durchaus demonstrativ und plakativ zur Schau zu stellen liebte, sind Bildstöcke, große Andachtsbilder im Freien und private Kapellen meist zur Straße hin orientiert und laden Wanderer durch Bänke, Blumenschmuck und schattenspendende Bäume zur Rast. Kleinere Bildstöcke sind oft der Madonna geweiht, an Bachläufen findet man vielfach den hl. Nepomuk, den Schutzheiligen der Brücken. Andachtsbilder an Bootshütten süddeutscher Gewässer zeigen zuweilen recht drastisch, wie ein nackter, ältlich-bärtiger Jonas – Typ frierender Grundschullehrer – von einem reichlich angewidert blickenden Wal ans Ufer gespien wird, wahrscheinlich als Trost und Warnung in und vor allerlei maritimen Gefahren. Bei allen Problemen des Lebens überaus nützlich sind die Vierzehn Nothelfer. Kleine Kapellen weihte man allen möglichen Heiligen. So hilft der hl. Florian gegen Feuer, der hl. Antonius von Padua beim Wiederfinden verlorener Schlüssel und anderer Gegenstände. In vielen Kapellen wird um Schutz vor Unwetter gebetet. Auf größeren Villengrundstücken kombinierte man Gartenkapellen nicht selten mit stationsreichen Kreuzwegen, oft bildhauerisch reich ausgestaltet und daher für den heutigen Denkmalschutz und jetzige Erben eine gute Gele-

genheit, sich in christlicher Friedfertigkeit zu üben.
Leider ist die alte Tradition christlichen Blumenschmu-
ckes völlig vergessen. Jetzt pflanzt man an Kruzifixen
und Kalvarienbergen einfach etwas schön bunt Blühendes. Die einstige ikonografische Zuordnung bestimmter
Blumen zu den jeweiligen Heiligen findet kaum mehr
Beachtung. Die symbolische Bedeutung roter Blüten
als Zeichen der Märtyrer und weißer als Zeichen der
Reinheit ist verloren gegangen.

Die hier vorgestellte Kultpraxis wird vielfach als „ka-
tholisch" empfunden, doch stimmt dies nicht ganz. In
größeren Gärten im anglikanischen England legte man
im 18. Jahrhundert in weiten Spiralen ausgedehnte Wege
an, entlang derer man kleine steinerne Denkmäler mit
Zitaten aus der Bergpredigt errichtete.

In Deutschland werden auch heute noch „religiöse"
Gärten angelegt. 2005 entstand in Aschering zwischen
Pöcking und Andechs in Oberbayern an dem als Ja-
kobsweg gekennzeichneten Pilgerweg nach Santiago de
Compostela ein wunderhübscher Bauerngarten mit
Pfingstrosen, Phlox und Zinnien und einem plätschern-
den Brunnen. In einer Wandnische hinter einem kleinen Teich überrascht eine fast lebensgroße, naiv bunte,
eindrucksvolle Marienstatue, umgeben von Beeten mit
herrlich rosafarben blühendem Schlafmohn. Der Anblick weckt in der Seele des Betrachters wilde botanische Sehnsüchte. Sollten wider Erwarten jemals „nor-
male" Zeiten wiederkehren, dann nach Afghanistan – zur
Mohnblüte!

Wenige Pflanzen blühen derart üppig und pracht-
voll wie echter Mohn. Besonders eindrucksvoll ist
eine Pflanzung nur mit roten Blüten.

 FROMME KINDLEIN? WERDEN IHNEN IN „SPIELENDE KINDER IN IDYLLISCHEN GÄRTEN"
AUF SEITE 126 BEGEGNEN UND „BLÜTEN IM SCHATTEN DES KREUZES" AUF SEITE 15.

J.J.Jung, pinx.　　　　　　　　　　　　Oudet sc

Camellia Woodsii.

Botanisch gesehen gehört die Kamelie zu den „Teesträuchern". Befragt man Japaner, so erfährt man, dass Kamelien-Tee nicht besonders gut schmeckt und eher selten getrunken wird. Radierung in Punktiermanier von Oudet nach einem Aquarell von J. J. Jung, aus L. Berlèse, *Iconographie du genre Camellia*, Paris, um 1840.

KAMELIEN – NICHT NUR FÜR DIE DAME

ODER DIE KUNST, FÜR EINE DIE KÜHLE UND DEN SCHATTEN LIEBENDE PFLANZE DAS IDEALE GEWÄCHSHAUS ZU BAUEN

Die Geschichte der Botanik spottet zuweilen jeglicher Logik! Man darf befürchten, dass der Jesuitenpater Georg Joseph Kamel weniger die Rettung heidnischer Seelen als schnöden kommerziellen Gewinn im Sinn hatte, als er gegen Ende des 17. Jahrhunderts in Japan nach Teesträuchern suchte. Möglicherweise plante er zugunsten der aggressiven Wirtschaftspolitik seines Ordens – ähnlich dessen Aktivitäten in Südamerika – einen Angriff auf jene alte Karawanenstraße, auf der schwere, zweihöckrige sibirische Kamele Tee von den Hängen des Himalaja quer durch Asien und das Zarenreich an die Ostsee schleppten – übrigens in sehr guter Qualität. Asiatische Wüstenluft bekommt dem Tee viel besser als der feucht-modrige Bauch britischer Handelsschiffe.

Kamel fand eine wunderschöne, später nach ihm benannte, früh blühende Teepflanze mit dunkelgrün glänzenden Blättern. Leider erwies sich die Pflege der Kamelie als schwierig, und der aus ihren Blättern bereitete Tee schmeckte nicht besonders. Erst 1739 gelang es wohl eher zufällig auf Thorndon Hall in England, ein Exemplar zum Blühen zu bringen. Eine hübsche Legende besagt, Gärtner von Kew Gardens hätten um 1800 einige blühunwillige Exemplare zornig auf einen Abfallhaufen geworfen, wo sie ohne weiteres Zutun blühten. Die herbeiströmen-

den Botaniker erkannten, dass der Abfallhaufen im Schatten lag! Daraufhin ließ Lord Middleton auf seinem Familiensitz Wollaton Hall das erste Kamelien-Gewächshaus bauen. Um Halbschatten zu erzeugen, wurde es teils mit gewölbten Kupferplatten, teils mit locker aufgelegten gläsernen Dachpfannen gedeckt. Kälte war kein Problem, auch in Japan liegt im Winter Schnee. In der Folge kam es zu einer fast schon industriellen Kamelienproduktion.

Der Kurtisane Marie Duplessis, 1824 geboren als Alphonsine Plessis, verhalf *Die Kameliendame* zu literarischem Ruhm. Von Tuberkulose und damit Hustenreiz geplagt, hatte sie zeitlebens die duftlose Kamelie bevorzugt. Alexandre Dumas der Jüngere dramatisierte 1848 in seinem Roman *Die Kameliendame* das kurze Glück, das lange Leiden und den einsamen Tod seiner einstigen Geliebten – im Roman Marguerite Gautier genannt: Es waren stets drei Dinge, „… die die Brüstung ihrer Loge einnahmen: ihr Opernglas, eine Tüte mit Süßigkeiten

und ein Strauß Kamelien. An fünfundzwanzig Tagen im Monat waren die Kamelien weiß und an fünf weiteren rot; man hat nie in Erfahrung bringen können, aus welchem Anlass der Farbwechsel vorgenommen wurde … Man hat Marguerite stets nur mit Kamelien gesehen. Auch bei Madame Barjon, der Fleuristin, nannte man sie schließlich die Kameliendame und dieser Beiname ist ihr geblieben."

In der Roman-Ausgabe von 1872 schrieb Dumas etwas weniger diskret: „Nur mit einem Lachen nannte man den Grund für diesen Farbwechsel, den ich hier anführe, ohne ihn erklären zu wollen." Auch wir wollen mit dem Hinweis, dass es sich um eine Art „Verkehrszeichen" handelte, die Sache auf sich beruhen lassen. Dank Alexandre Dumas des Jüngeren und des großen Komponisten Giuseppe Verdi hustet sich die Duplessis alias Violetta Valéry noch heute schicksalhaft über sämtliche Opernbühnen dieser Welt – zur großen Freude aller Bewunderer großer Stimmen.

IN GEWÄCHSHÄUSERN GEDEIHT SO MANCHES, AUCH GESELLIGKEIT UND LITERATUR WIE SICH AUF SEITE 69 ZEIGT. KÖNIG LUDWIG II. BEWEIST AUF SEITE 104, DASS MAN DORT AUCH TRÄUMEN DARF.

Oft und oft trat Sarah Bernardt, die größte Tragödin ihrer Zeit, als „Kameliendame" auf. Seit 1894 schuf der aus Mähren stammende Jugendstilkünstler Alfons Mucha zahlreiche Porträts und Plakate für die Bernhardt.

Nach einem zeitgenössischen Aquarellporträt von Camille Roqueplan der „Kameliendame" Marie Duplessis mit Opernglas in ihrer Loge. Von ihren Freunden wurde sie als gutmütig geschildert. Den nahenden Tuberkulose-Tod sieht man ihr nicht an.

EIN GARTENHAUS ALS VERSTECK
EINES VERSCHULDETEN LITERATEN

„Paris! Nun zu dir!"
Honoré de Balzac

Im Oktober 1840 flüchtete Honoré de Balzac nach Passy, damals ein Dorf bei Paris, heute zum 16. Arrondissement gehörig, und mietete ein Gartenhaus, seine „Hütte", wo er sieben Jahre blieb. Sie war für einen bankrotten Literaten geradezu ideal. Vom Balkon aus hatte man über Buschwerk und die Seine hinweg einen herrlichen Blick auf Paris. Arbeitswut und Körperfülle hinderten zwar Balzac an längeren Spaziergängen im Garten, aber er konnte von dort aus gut die charakteristischen „Stadtlandschaften" in der Ferne studieren – die Schauplätze künftiger Romane. Hier schrieb Balzac täglich bis zu 16 Stunden, aufgeputscht durch Unmengen von Kaffee, Tee und Alkohol, gehüllt in eine einstmals weiße Mönchskutte. Am Haupteingang des Grundstücks an der Rue Basse prangte ein falscher, jedoch aristokratischer Name: Monsieur de Breugnol. Balzacs Personal ließ nur Besucher vor, die das richtige Passwort durch die Tür schreien konnten. Doch auch gewaltsam eindringende Gläubiger hätten ihn nicht erwischt. Das Glanzstück der Wohnung war ein Kleiderschrank, aus dessen Rückwand eine verborgene Hintertreppe in eine unauffällige Holzlege auf der Rückseite des Hauses führte, von wo aus man die Rue Berton erreichte. Auch bei allzu enger Terminierung weiblicher Besuche erwies sich die Nützlichkeit dieses architektonischen Juwels.

Sucht man im Riesenwerk Balzacs nach Spuren dieses Gartens, wird man enttäuscht. Doch sah er sich selbst stets in der Tradition biologischer Forschung. Jahrelang besuchte er am Jardin des Plantes die Vorlesungen Geoffroy Saint-Hilaires über Insekten, die ihm in ihrer Systematik als Vorbild zur *Comédie Humaine* dienten. Balzacs Gartenhaus ist heute Museum und kann besichtigt werden. Sehr empfehlenswert!

Maison de Balzac
Rue Raynouard 47
75016 Paris
Tgl. außer Mo und Feiertagen 10–17.30 Uhr

 GÄRTEN SIND RÜCKZUGSMÖGLICHKEITEN VOR DER BOSHEIT DIESER WELT. MANCHMAL NAHT DAS BÖSE IN GESTALT EINER ALLZU TEMPERAMENTVOLLEN GELIEBTEN. SIEHE SEITE 86.

Honoré de Balzac auf einer kolorierten, wahrscheinlich seitenverkehrten Daguerrotypie um 1845. Man beachte die legere Kleidung: offenes Hemd, offene Halsbinde, unordentlich herunterhängend – Garten- oder Hauskleidung?

DER BERSERKER IM ELFENBEINTURM

„Steigen wir so hoch es geht, in unseren Elfenbeinturm, bis auf die letzte Stufe so nah wie möglich am Himmel. Es ist zuweilen kalt dort … doch was macht das schon! Man sieht hell die Sterne strahlen und hört die Truthähne nicht mehr."
Gustave Flaubert, Brief an Louise Colet, 22. November 1852

Gustave Flaubert hauste mit Mutter und Nichte in Croisset auf einer großen Landzunge der Seine, flussabwärts von Rouen, in einem Herrenhaus mit Lindenallee mit ausgedehntem Park. Von seinem geräumigen Gartenpavillon aus blickte er auf die Seine, schrieb dort im Sommer nachts unermüdlich und las sich selbst seine eigenen Werke lauthals vor. Die hellerleuchteten Fenster dienten den Seineschiffern als Leuchtturm. Obwohl er im Gegensatz zu Balzac nicht aus finanziellen Nöten dazu gezwungen war, schottete auch er sich von der Welt ab. Nur wenigen war es gestattet, ihn in seinem Elfenbeinturm zu besuchen. Seine Freundin, die äußerst vitale Louise Colet, gehörte nicht dazu. Sie war wohl zu besitzergreifend. So hatte sie mit der Behauptung, sie sei das inspirierende Vorbild für *Madame Bovary* – was tatsächlich zutraf –, vergeblich versucht, von Flauberts Verleger Autorenhonorar zu erhalten.

Der Gartenpavillon Gustave Flauberts, Aufbewahrungsort seines legendären ausgestopften Papageis.

Tipp
AUF DEN SPUREN FLAUBERTS
Der Pavillon Flauberts kann jeden Samstag und Sonntag von 14 bis 18 Uhr besichtigt werden, in den Ferienzeiten auch Mittwoch bis Freitag.

Gern ging Flaubert in dem großen Besitz mit seinem Windhund spazieren. Mit Gartenarbeit scheint er sich jedoch nie beschäftigt zu haben. Und doch liebte er seinen Garten. So beschrieb er einen Spaziergang im Vorfrühling: „In sechs Wochen wird man die Lindenallee schon sprießen sehen. Dann wird jeder Zweig rote Knospen haben, und später kommen die gelben, grünen, roten, irisfarbenen Primeln hinzu. Sie übersäen den Rasen … Ich habe die große, mit Rosen überzogene Mauer und den Pavillon am Wasser hinter mir gelassen. Ein Geißblattbüschel wächst draußen auf dem Eisenbalkon. Im Juli, um ein Uhr nachts, im Mondlicht, kommt man gern dorthin …"

Doch auch in einem von Blumen und Bäumen dicht umwachsenen Elfenbeinturm kann man sich bedroht fühlen: „Ich habe immer versucht, in einem Elfenbeinturm zu leben, aber ein Meer von Scheiße schlägt an seine Mauern. Genug, ihn zum Einsturz zu bringen", schreibt Flaubert am 13. November 1872 in einem Brief an Iwan Turgenjew.

 WEITEREN – NICHT IMMER EINSAMEN – LITERATEN IM GARTENHAUS BEGEGNEN SIE AUF SEITE 84 UND AUF SEITE 144.

86

HAGEL UND STURM – DIE GROSSEN FEINDE DER GÄRTNER

Jeder Gartenfreund hat wohl einige Male in seinem Leben schwere Hagelstürme erlebt und weiß, wie ihm beim Anblick seines platt am Boden liegenden, von Eisgeschossen regelrecht zerschredderten Rittersporns jedes Mal zu Mute ist. Dabei hat die Zahl schwerer Hagelstürme in den letzten Jahren noch drastisch zugenommen. Meteorologen prophezeien uns, dass dies erst der Anfang einer katastrophalen Entwicklung sei. So weckt Gustave Flauberts Schilderung eines Hagelsturms bei aller Komik nicht nur unser Mitgefühl, sondern auch die eigene Angst vor der Zukunft. In seinem letzten Roman *Bouvard und Pécuchet* ereilt Flauberts traurige Helden das größtmögliche Gartenunglück – dessen völlige Zerstörung.

„Vor sich sahen sie Holzsplitter, Zweige und Dachziegel in der Luft herumwirbeln ... Dann fielen plötzlich die Stützpfosten und die Querlatten der Spaliere mitsamt dem Drahtgitter auf die Beete." Flauberts Text erblüht durch seine literarische Bosheit. Meisterlich betont er den für Gartenfreunde absolut trostlosen Gegensatz von zerstörerisch wirkenden tauenden Eisklumpen und den bombastischen botanischen Namen der vernichteten Obstsorten:

„Welch ein Bild, als sie den Schaden besichtigten! Kirschen und Pflaumen bedeckten das Gras zwischen den schmelzenden Hagelkörnern. Die *Passe-Colmar* waren hin, ebenso die *Besi-de-Veterans* und die *Triomphes-de-Jordoigne*. Kaum dass von den Äpfeln ein paar *Bons-papas* übrig geblieben waren – und zwölf *Venusbusen*, die gesamte Pfirsichernte, rollte in den Wasserlachen neben den entwurzelten Buchsbäumen umher."

Tiefe Trauer befällt Flauberts Romanhelden: „Nach dem Essen, bei dem sie sehr wenig zu sich nahmen, sagte Pécuchet sanft: ‚Wir sind keineswegs vom Glück begünstigt.' Und sie klagten die Vorsehung und die Natur an."

Auch wir heute haben allen Grund zu klagen. Dabei scheint die Natur absolut unschuldig zu sein. Es ist wohl tatsächlich die durch die Menschheit verursachte Klimakatastrophe, durch die die Unwetter häufiger werden. Dem ängstlichen Leser und besorgten Gartenfreund wird daher dringend empfohlen, sich in dem Kapitel „Der ‚religiöse' Garten" Anregungen zu holen. Gegen schweren Hagelschlag kann man den Garten nicht schützen. Da hilft nur beten!

 SOLLTE NACH EINEM HAGELSTURM IHR GARTEN DARNIEDERLIEGEN, WIRD SIE DAS KAPITEL „DER ALTE BAUM UND DER TOD" AUCH NICHT TRÖSTEN AUF SEITE 156.

DER EWIGE STENZ

Im Jahr 1842 beschrieb die Reiseschriftstellerin Ida Gräfin Hahn-Hahn den etwas zwiespältigen Eindruck, den der berühmte Gartengestalter Hermann Fürst von Pückler-Muskau bei ihr hinterlassen hatte: „Ein sehr artiger Comödiant im guten Styl; könnte mich vielleicht interessieren – aber ich habe kein Herz zu ihm …" Dementsprechend schwierig gestalteten sich die Versuche des Fürsten, der Gräfin menschlich näherzukommen. Auch hegte sie einen altmodischeren Gartengeschmack als der feinsinnige Vertreter englischer Gartenlandschaften und bevorzugte den französischen Barockgarten. Vielleicht ahnte sie auch, dass Pückler heimlich immer auf der Suche nach einer betuchten Gattin war, um seine gigantischen Parkprojekte finanzieren zu können. Ihre unterschwellige Abneigung war keineswegs unberechtigt und blieb dem Fürsten auch nicht verborgen. Er grantelte schlagfertig: „Sie scheinen mich für einen versteinerten Gartengott zu halten. Im Sinne der Alten könnte ich mir dies zum Teil gefallen lassen." Der Frauen sammelnde Fürst spielte hier wohl selbstironisch auf zuweilen recht drastisch-erotische Gartenplastiken an. Doch fand er etwa Versailles gar nicht so übel: „Es ist das personifizierte Königtum Ludwig des XIV. und dieser Fürst ist wiederum in meinen Augen vielleicht kein großer Mann, aber gewiss der größte König, der je existiert hat. Ebenso verehre ich die Villen Italiens … Aber der genre [sic!] passt nicht für unsern armen und doch wesentlich romantischen Norden." Den Fürsten grämte es, dass die Gräfin, die eine gewisse Distanz nicht zu überwinden vermochte und – Barockes vermissend – seine gewaltigen Parkanlagen nicht so ganz ernst nahm: „Daher finden Sie dergleichen auch nicht in der weiten, 5000 Morgen bedeckenden Gegend, die Sie, eigentlich ganz unpassend, meinen Garten nennen." Bei aller gärtnerischen Gigantomanie verstand es Pückler durchaus, auch intime Gartenräume zu gestalten. „Dann allerdings auch Gärten in der Wohnung unmittelbarer Nähe, wo die Laune herrscht, fortgesetzte Zimmer sozusagen, unter freiem Himmel, mit blühenden Wänden."
Fürst Pücklers romantischer Gartenstil spielt in der heute wieder geometrisch-linearen Landschaftsarchitektur keine Rolle mehr. Doch das von ihm erfundene

Fürst Pückler zeigte zuweilen seltsame chemische Inte-
ressen, die er auch kulinarisch nutzte. Spezielle „Kälte-
mischungen" ermöglichten es ihm, auch im Hochsommer
sahnereiches „Halbgefrorenes" herzustellen.

FÜRST-PÜCKLER-EIS.

Ritzer

Fürst-Pückler-Halbgefrorene erinnert noch an ihn. Im wahrhaft klassischen *Neuen illustrirten Conditoreibuch*, um 1900 von Karl Krackhart, heißt es: „Unter halbgefrorenem Eis werden solche Kremesorten und Fruchteisarten verstanden, denen vor dem Ausfrieren in der Eismaschine geschlagene Sahne untergespatelt wird." Die Schlagsahne wird bei der Temperatur einer Eis-Kochsalz-Mischung, wie man sie damals in einer primitiven „Eismaschine" einsetzte, nicht wirklich fest – daher die Bezeichnung „halbgefroren". Zum *Fürst-Pückler-Eis* führt Krackhart noch aus: „Hohe Form wird mit versüßter Schlagsahne dreifarbig, Weiß mit Maraschino, Rosa mit Erdbeermark, Schwarz mit Schokolade oder Kakao und dann in entweder glatte, mit Papier ausgelegte Kegelform oder aber auch in eine gerippte Form gefüllt. In jede Mischung gebe man kleine gehackte Makronen oder Biskuitwürfel. Lasse die Form 2–2 ½ Stunden in gut gesalzenem Eis frieren. Nach dem Stürzen wird die Form hübsch ausgarniert."

Falls gesalzenes Eis gerade nicht zur Hand ist, tut es auch ein modernes Gefrierfach.

 WER SICH EINEN „GARTEN" IN FÜRST PÜCKLERSCHEN DIMENSIONEN NICHT LEISTEN KANN, MUSS SICH EBEN MIT DEM „KONTRASTPROGRAMM – DER KLEINGARTEN" AUF SEITE 108 BEGNÜGEN.

Süße Blüten. Motivvorschläge aus dem *Neuen illustrirten Conditoreibuch* von Carl Krackhart für Tortenapplikationen aus farbigem Marzipan.

ABGEPACKTE NAPOLEONISCHE HELDEN

Der große Chemiker Justus von Liebig war ein begnadeter Propagandist seiner Düngetheorie. Wie sich die Welternährung oder auch das Gedeihen von Zierpflanzen ohne seinen Kunstdünger gestalten würde, schilderte er in düsteren Zukunftsvisionen: „Die Völker werden zu ihrer Selbsterhaltung gezwungen sein, sich ohne Aufhören gegenseitig zu zerfleischen und zu vertilgen … wenn ein Krieg hinzu kommt, so werden sie … die Leiber der erschlagenen Feinde nach Hause schleppen, um mit ihrem Fleisch den Hunger ihrer Kinder zu stillen, man wird … die Leichen … der Tiere aus der Erde graben, um so die Agonie zu verlängern."

Ein durchaus verfügbarer und besonders in Großbritannien geschätzter „natürlicher" Dünger war damals „Knochenmehl", das Liebig als Konkurrenten seines Kunstdüngers vehement bekämpfte: „Großbritannien raubt allen Ländern die Bedingungen ihrer Fruchtbarkeit, es hat die Schlachtfelder von Leipzig, Waterloo und der Krim bereits nach Knochen umgewühlt und die in den Katakomben Siziliens aufgehäuften Gebeine vieler Generationen verbraucht … Einem Vampir gleich hängt es am Nacken Europas, man kann sagen der Welt, und saugt ihr das Herzblut aus …"

Von Osteuropa abgesehen, sind viele Soldaten-Massengräber der napoleonischen Kriege heute tatsächlich nicht mehr auffindbar. Liebigs chauvinistisches Pamphlet war keine Übertreibung. Die Brüder Edmond und Jules de Goncourt bestätigten im Juli 1885 nicht nur, dass tatsächlich in Knochenmühlen menschliche Gebeine zu Düngemehl vermahlen wurden, sie beschrieben auch den Wert einer alten, wieder aufgefundenen Begräbnisstätte, in der man einst die von Raben zernagten Skelette gehängter Verbrecher verscharrt hatte. „Ein aus Rom gekommener Verfertiger von Mosaiken rafft in Paris 10.000 Francs zusammen, gräbt einen Brunnen, findet für 800.000 Francs Düngepulver, er war auf einen verlassenen ‚Montfaucon' gestoßen." So bezeichnete man im alten Paris Richtplätze, wo die Scharfrichter ihr tödliches Handwerk ausübten.

In den damaligen Zeitungsanzeigen wurde zwar mit Wasserdampf behandeltes Knochenmehl angeboten, aber die nicht unproblematische Herkunft der Ware diskret verschwiegen. Vielleicht gab es unter den englischen Hobbygärtnerinnen allzu viele, denen der Gedanke, einen pulverisierten, in Papiertüten abgepackten napoleonischen Helden oder zermahlenen Dieb aufs Blumenbeet zu streuen, doch ein wenig unsympathisch war.

FÜR ENGLISCHE GÄRTNER GILT: SIE BENÖTIGEN NICHT NUR DEN RICHTIGEN DÜNGER, SONDERN ZUERST DIE RICHTIGEN PFLANZEN. DAS KANN SOGAR ENZIAN SEIN, WIE AUF SEITE 55 BESCHRIEBEN WIRD.

Winter-Goldparmänen von E. Lierke, Leopoldshall.

einjährige Veredlung auf Doucin gepflanzt 1893, photographiert und gemalt vor der Ernte 1902.

Ungedüngt
Volldüngung mit Kali
Volldüngung ohne Kali

m ha = 950 Bäume: 1340 kg
8056 kg
2328 kg

Eine recht plastische französische Reklame für Ammoniaksulfat-Dünger.

AVEC SULFATE D'AMMONIAQUE — SANS SULFATE D'AMMONIAQUE

" Les Agriculteurs français, soucieux du progrès, doivent employer comme ENGRAIS AZOTÉ, dans ... cultures et sur tous les sols, LE SULFATE D'AMMONIAQUE "

Muster
LIEBIG'S FLEISCH-EXTRACT
FÜNF-KUGEL-APPARAT
JUSTUS VON LIEBIG 1803–1873
2003
55 Deutschland

Sonderbriefmarke für Justus von Liebig, Erfinder auch des Fleischextrakts. Riesige Rinderherden Argentiniens wurden so konzentriert und in handlich abgepackten Töpfen nach Europa transportiert.

Georg Melchior Kraus schuf um 1795 diese Darstellung einer Abendgesellschaft der Herzogin
Anna Amalia von Sachsen-Weimar-Eisenach. Der Überlieferung nach handelt es sich bei dem
zweiten Herren von links im äußerst modischen gestreiften Rock um Goethe.

SCHWARZE PUDEL UND NACKTE BLONDINEN

JOHANN WOLFGANG VON GOETHES ENTDECKUNG DER KOMPLEMENTÄRFARBEN ALS NACHBILDER IM AUGE

Der Fortschritt menschlicher Erkenntnis ruht oft auf eher seltsamen Fundamenten. Auch müssen Höhepunkte der Pflanzenästhetik nicht unbedingt ihre Wurzeln in der Botanik haben. Als junger Mann stürzte sich Johann Wolfgang (noch nicht „von") Goethe des Öfteren in Löscharbeiten, so auch am 25. Juni 1780 in Ettersburg. „Meine Augenbrauen sind versengt, und das Wasser, in meinen Schuhen siedend, hat mir die Zehen gebrüht. Ein wenig zu ruhen, legte ich mich nach Mitternacht, da alles noch brannte und knisterte, im Wirtshaus aufs Bett", berichtete er in einem Brief an Frau von Stein. Schon damals dürfte ihm aufgefallen sein, dass die Blendwirkung lodernder Flammen, wenn man anschließend ins Dunkle blickt, das Auge nachträglich mit seltsam farbigen Bildern narrt.

Der immer an optischen Erscheinungen interessierte Goethe entdeckte, dass das „Nachbild" einer Blendwirkung immer in der „Gegenfarbe" – nach heutigem Sprachgebrauch: Komplementärfarbe – erscheint und dass man dergleichen auch bei mattem Licht sehen kann: „Als, bei gemäßigtem Licht, vor meinem Fenster auf der Straße ein schwarzer Pudel vorbeilief, der einen hellen Lichtschein nach sich zog: das undeutliche, im Auge gebliebene Bild seiner vorübereilenden Gestalt." Goethe, der solche Experimente gern im Kreis seiner mit bewundernden Damen besetzten „Mittwochs-Gesellschaft" zeigte, erfuhr, dass einige seiner Gäste die Farbenspiele nicht zu sehen vermochten: „Solche Erscheinungen sind desto angenehm-überraschender, als sie gerade, wenn wir unsere Augen bewusstlos hingeben, am lebhaftesten und schönsten sich melden." Ein bemerkenswerter Hinweis, dass bei Experimenten dieser Art stets auch die Psyche mitspielt! Goethe erkannte, dass auch bei längerer Betrachtung heller Flächen mit „bewusstlos hingegebenem Auge" immer die Komplementärfarbe entsteht. Dieses Experiment gewinnt be-

trächtlich an Reiz, wenn man den schwarzen Pudel durch eine nackte, hellhäutige Blondine ersetzt. So entstand Goethes an Picasso gemahnendes Aquarell *Bild eines Mädchens in umgekehrten Farben.*

Die englische Gartengestalterin Gertrude Jekyll, die vielleicht größte Gartengestalterin aller Zeiten, nutzte die „umgekehrten Farben" bei der Gestaltung blühender Beete und stellte doch 1914 fest: „Ein Blumenbeet mit einer guten Farbzusammenstellung zu pflanzen und dann weiter zu pflegen, ist keine so einfache Sache, wie dies gemeinhin angenommen wird."

Als Tochter wohlhabender Eltern hatte sie mit 18 Jahren an der School of Art von Henry Cole in South Kensington Malerei zu studieren begonnen, wo sie der Kreis der Präraffaeliten beeinflusste. In Paris und Rom vertiefte sie ihre Kenntnisse in Kunstgeschichte. John Ruskin und William Morris formten mit den Ideen der von ihnen begründeten Arts-and-Crafts-Bewegung nachhaltig ihren künstlerischen Stil, aber offenbar ohne sie zu ihren sozialpolitischen und sozialistischen Zielen bekehren zu können.

Schon früh arbeitete sie für den Hochadel. Für den Herzog von Westminster war sie als Innenarchitektin tätig, für Prinzessin Louise, Tochter Queen Victorias, entwarf sie Silberobjekte. 1876 begann sie mit der Ausgestaltung von Munstead Woods, ihres eigenen Gartens, den sie geerbt hatte und durch Zukauf beträchtlich erweiterte. Durch ihr gärtnerisches Geschick und ihre großen botanischen Kenntnisse wurde dieser sehr schnell berühmt. Ein Augenleiden hatte ihre Laufbahn als Malerin und Kunstgewerblerin zwar beendet, doch im Mai 1889 begegnete sie bei einem befreundeten Azaleenhändler in der gepflegten Atmosphäre einer britischen Teestunde – wo sonst kann man sich in Eng-

land kennen lernen? – dem 25 Jahre jüngeren Architekten Edwin Lutyens. Und beide wurden das erfolgreichste Gestalterteam für „house and garden" der britischen High Society. In Lutyens hatte die immer kurzsichtiger werdende Jekyll – sie fürchtete gar, völlig zu erblinden – einen kongenialen Partner gefunden. Trotz des quälenden Augenleidens untersuchte sie systematisch theoretisch und mit der Bepflanzung ihrer Beete auch praktisch die Wirkung von Farben auf Auge und Psyche des Betrachters und publizierte darüber in englischen Gartenjournalen ab den 90er-Jahren des 19. Jahrhunderts zahlreiche Artikel. Insbesondere propagierte sie die Theorien Michel Eugène Chevreuls vom Simultankontrast. Da sie in Claude Monet einen besonders eifrigen Leser fand, der ihre Anregungen sowohl in seinem Garten als auch in seinen Gemälden erfolgreich realisierte, wurde Gertrude Jekyll nebenbei zu einer wichtigen Gestalt der europäischen Kunstgeschichte.

Nur im persönlichen Umgang scheint sie nicht immer ganz einfach gewesen zu sein. Betrachtet man zeitgenössische Fotografien von ihr, so beschleicht einen das Gefühl, der alten Dame irgendwo schon einmal begegnet zu sein. Ihre sorgfältig gescheitelten Haare und die kleine Brille erinnern irgendwie an „Miss Marple" oder die mahnende Großmutter. Für nur wissbegierige Besucher hatte sie wenig bis nichts übrig. Allein an drei Tagen im Jahr war es der neugierigen Öffentlichkeit gestattet, ihren berühmten Garten zu besichtigen. Auch ihr Wahlspruch entsprach ihrer strengen Auffassung von Pflichterfüllung:

„If something's worth doing,
it's worth doing well."

GOETHES SACHLICHER BLICK AUF HELLHÄUTIGE DAMEN IST FRAGLOS EIN HÖHEPUNKT – SELBST FÜR DEN DICHTERFÜRSTEN. WEITERE HIGHLIGHTS AUS SEINEM LEBEN AUF SEITE 49, SEITE 51 UND SEITE 53.

Goethe fiel auf, dass ein hell beleuchteter, hellhäutiger
Mädchenkörper, wenn man die Augen vor dunklerem
Hintergrund abwendet, dunkel erscheint – die dunklen
Haare dagegen hell – eben in umgekehrten Farben.
Anderen jungen Männern dürfte dies nicht auffallen.

Sir William Nicholson malte um 1920 Gertrude Jekyll als
ältere, aber durchaus energische Dame. Brille und zusammen-
gekniffene Augen signalisieren ihr Augenleiden.

Rechts eine moderne Nachzeichnung eines Pflanzplans
Gertrude Jekylls für ein großes Beet.

HANF – EINE BELIEBTE PFLANZE FÜR BALKONE UND GEWÄCHSHÄUSER

„Rauch nit zu viel Orient / Weil dich sonst der Schädel brennt!"
„Misch nicht Orient und Bier, sonst werden deine Träume wirr!"
Auf einer Tabakdose um 1800

Starker Toback" oder „Orient" des 19.Jahrhunderts enthielt regelmäßig Hanf. Getrockneten *Cannabis sativa*, so genannten Nutzhanf, oder *Cannabis indica*, indischen Hanf, mischte man ganz selbstverständlich starken Tabaksorten zu. Häufig verkaufte man aber auch reinen Hanf als Tabak. Wie uns Wilhelm Busch 1864 in seinem illustrierten Gedicht *Krischan mit der Pipe* überliefert, führte dies zuweilen zu wunderlichen Erlebnissen: der Schlafrock tanzt mit dem Stuhl und der Tisch mit dem Kanapee. Auch sieht man Gespenster. Doch eine starke Tasse Kaffee vertreibt – jedenfalls nach Wilhelm Busch – jeden Spuk. Hanfkraut hat die merkwürdige Eigenschaft, gleichzei-

tig sedativ und stimulierend zu wirken. Deshalb wurde es von Ärzten des 19. Jahrhunderts als krampflösendes Husten- und Beruhigungs-, aber auch als Anregungsmittel und als schmerzstillende Arznei eingesetzt. Sir John Russell Reynolds, Leibarzt von Victoria, Königin des Vereinigten Königreichs von Großbritannien und Kaiserin von Indien, verordnete *Cannabis*-Tinktur gegen Husten, Asthma, Migräne, Neuralgie, Krämpfe aller Art und Schlafstörungen von Senioren. Lewis Carroll, dessen weißes Kaninchen höchst verdächtig durch das *Wunderland* seiner *Alice* hoppelt, erhielt zur Hebung seines Allgemeinbefindens täglich drei Teelöffel eines *Indian Soothing Syrup*, einer 12-prozentigen

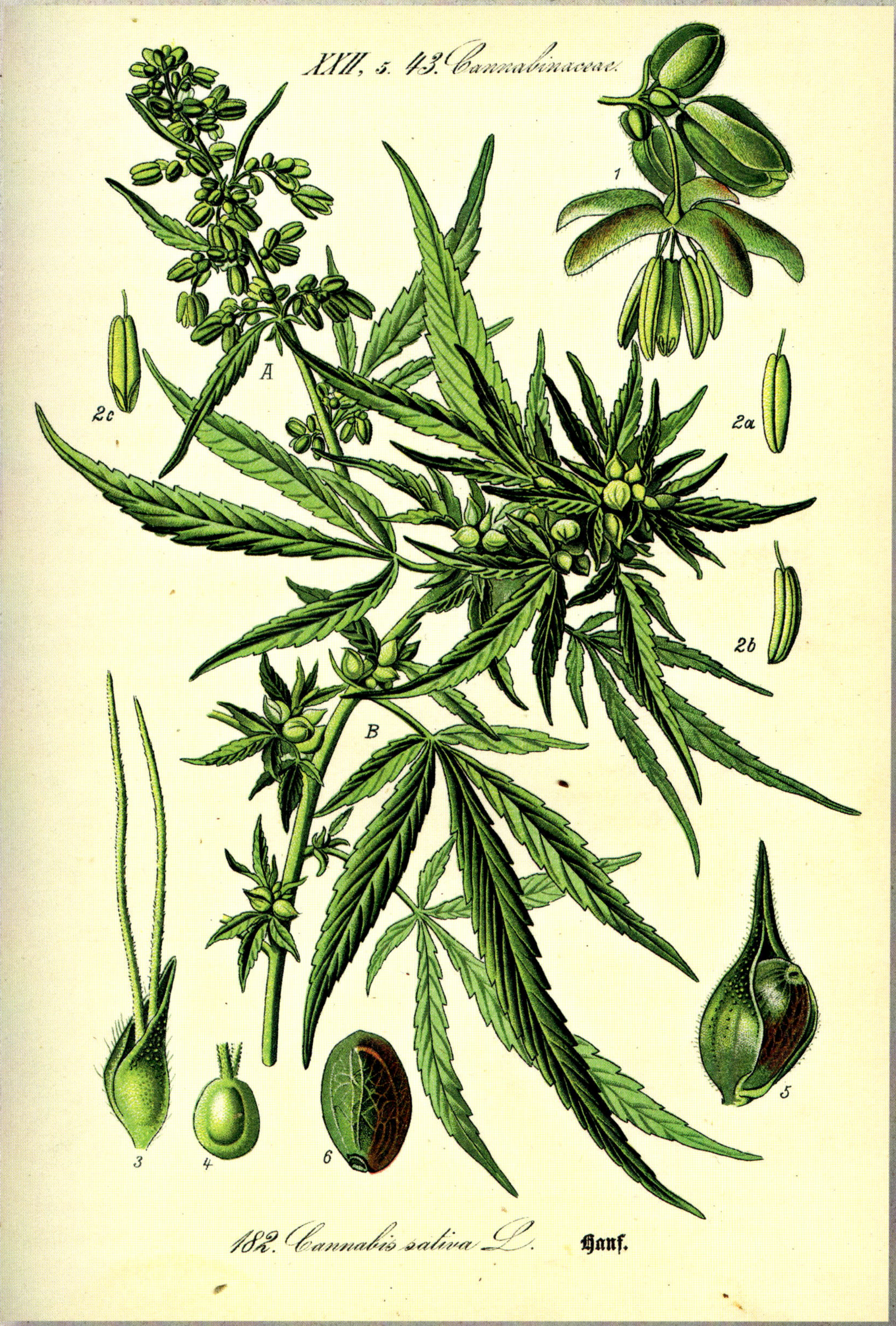

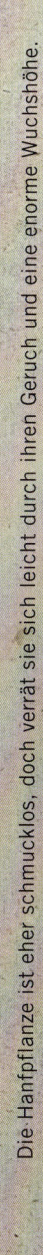

XXII, 5. 43. Cannabinaceae.
1
2a
2b
2c
A
B
3
4
5
6
182. Cannabis sativa L.
Hanf.

Die Hanfpflanze ist eher schmucklos, doch verrät sie sich leicht durch ihren Geruch und eine enorme Wuchshöhe.

Ein blaues, eine orientalische Wasserpfeife schmauchen-
des Monster überrascht die kleine Alice, wie sie in einer
modernen Illustration „hinter die Spiegel" lugt.

Hanftinktur, von der er jede Woche ein ganzes Fläsch-
chen in seiner Apotheke erwarb.

Der Hanf war allerdings auch eine in Europa seit der
Antike bekannte Nutzpflanze, die noch während und
zwischen den beiden Weltkriegen als nachwachsender
Rohstoff diesseits und jenseits des Atlantik angebaut
wurde. Der „Reichsnährstand", eine im Zweiten Weltkrieg wichtige staatliche Institution zur Lenkung land-
wirtschaftlicher Produktion und mit seinen Propaganda-
Infos eine unermüdliche Stütze deutscher Dichtkunst,
reimte gar köstlich:

„Hanf gibt auch Drillich, Wäsche, Tücher,
und starken Einband für die Bücher,
auch Barchent, Gurte, Plane, Säcke —
kurz Dinge für gar viele Zwecke.
Ein Hanfgewebe kaum verschleißt,
ein fester Hanfstrick nie zerreißt."

Heute ist in Deutschland der Anbau von Hanf durch
das Bundesseuchengesetz streng verboten und kann mit
bis zu 15 Jahren Haft bestraft werden. Insbesondere bei
Jugendlichen erfreuen sich aber Balkon- und Garten-
winkel-Kleinstplantagen, mit Samen aus dem Kanarien-
vogelfutter der ahnungslosen Mutter, enormer Beliebt-
heit. Wegen mangelhafter Botanikkenntnisse wird die
ältere Generation zuweilen von uniformierten Ernte-
helfern der Polizei überrascht, die deren Sprösslinge
und Enkel zum Zwecke sittlicher Besserung dem Jugend-
richter zuführen. Der Mangel an bunten Blüten und die
enorme Höhe der Hanfpflanzen von bis zu 4 Metern
macht sie für spießig-humorlose, aber wissende Nachbarn allzu leicht erkennbar.

Um hanfversessenen Gewächshausbesitzern mit größeren Plantagen von bis zu 1000 Pflanzen das Handwerk
zu legen, recherchiert die Polizei heutzutage auch im
Internet und stößt dabei beispielsweise auf die Firma
„Catweazel – Gewächshausspezialist für kleine und große Gartenträume" mit einem sehr speziellen Angebot
von Wachstumsleuchten und Natriumdampf-Entla-
dungslampen, mit denen sich vier Ernten im Jahr erzielen lassen. Der intensive Geruch der Hanfpflanze erfordert Geruchsneutralisierer und Ventilatoren für eine
gute Belüftung. Aus nur 100 getrockneten *Cannabis*-
Pflanzen lassen sich 4 Kilo Marihuana beziehungsweise
Haschisch mit einem Wert von 32.000 Euro erzielen.
Diese exorbitanten Gewinne wirken auf „Hobbybota-
niker" höchst ermunternd. So hebt allein die deutsche
Polizei täglich mindestens eine verbotene Pflanzung
aus. Das riesige Angebot unserer Garten-Center an Gewächshäusern wird so verständlich.

 HANF MACHT ALS ZIERPFLANZE NICHT WIRKLICH ETWAS HER, ATTRAKTIVER WIRD ES
AUF SEITE 81 ODER AUF SEITE 65.

Amerikanisches Zeitungsinserat für psychodelische Pflanzen indianischer Herkunft mit der Empfehlung, diese als Ergänzung zu Hasch in den eigenen Gärten selbst zu kultivieren.

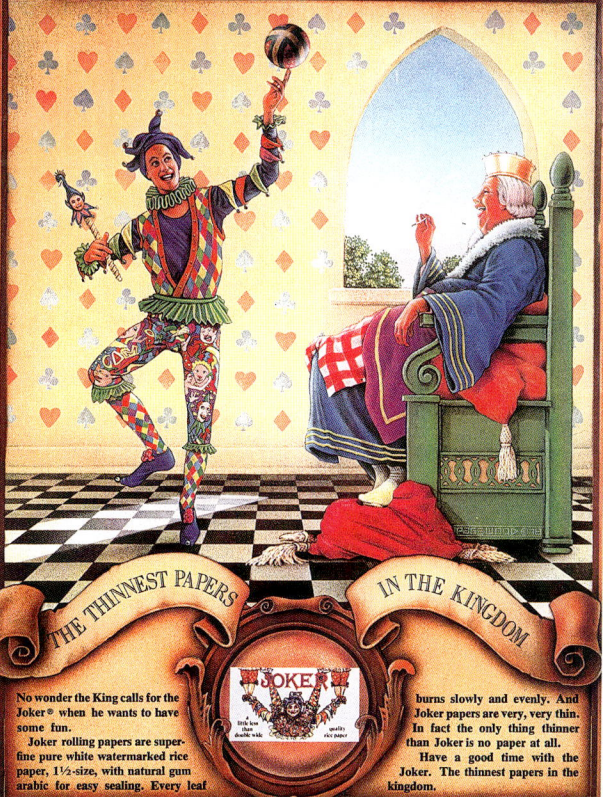

US-Reklame für dünnes Joint-Papier.

„De Slaprock danzt mit dem Stuhl juchhe!
Und de Tisch mit dem olen Kanape"
(Wilhelm Buschs Hanf-Vision)

BETÖRENDER BLÜTENDUFT

SCHWÜLE GEWÄCHSHAUSLUFT BEDROHT WEIBLICHE TUGEND

In seinem 1882 verfassten Roman *L'Adultera* schilderte Theodor Fontane drastisch den „Fall" einer jungen Dame in der schwül-warmen Luft eines Treibhauses. Damals galten noch strengste Regeln im „Kampf der Geschlechter". Den betörenden Duft exotischer Blüten fürchtete man als gefährliche Bedrohung weiblicher Tugend. Doch bevor man den Ort der Sünde erreichte, musste man die Heizräume durchqueren. „Nun gingen sie zwischen langen und niedrigen Backsteinöfen hin, den bloß mannsbreiten Mittelgang hinauf, bis an die Stelle, wo dieser Mittelgang in das große Palmenhaus einmündete."

Es galt als unermesslicher Luxus, in gewaltigen Öfen, deren Rauch auch nicht im Geringsten in das eigentliche Gewächshaus gelangen durfte – dies hätte die kostbaren Pflanzen gefährdet –, Unmengen von Holz und Kohle zu verfeuern, um ein unisoliertes Glashaus auch bei größter Kälte auf tropischen Temperaturen zu halten. „Wenige Schritte noch, und sie befanden sich wie am Eingang eines Tropenwaldes, und der mächtige Glasbau wölbte sich über ihnen. Hier standen die Prachtexemplare …: Palmen, Drakäen, Riesenfarne, und eine Wendeltreppe schlängelte sich hinauf, erst bis in die Kuppel und dann um diese selbst herum … Wirklich, es war eine fantastisch aus Blattkronen gebildete Laube … und überall an den Gurten und Rippen der Wölbung hin rankten sich Orchideen, die die ganze Kuppel mit ihrem Duft erfüllten. Es atmete sich wonnig, aber schwer … und Melanie fühlte, wie dieser berauschende Duft ihre Nerven hinschwinden machte. Sie zählte jenen … von Luft und Licht abhängigen Naturen zu, die der Frische bedürfen, um selber frisch zu sein. Aber diese weiche, schlaffe Luft machte sie selber weich und schlaff und die Rüstung ihres Geistes lockerte sich und fiel."

Dass dann die angemessene Anzahl Monate später ein kleines Mädchen das Licht der Welt erblickte, bestimmt den weiteren Gang der Geschichte.

 AUCH BLUMEN, DIE NICHT DUFTEN, KÖNNEN BETÖREN. LESEN SIE AUF SEITE 81 DELIKATES ÜBER EINE DAME UND IHRE BLUMEN.

Man kann es heute kaum glauben, aber dieses Gemälde von 1878/79 mit dem Titel *Im Wintergarten* von Edouard Manet galt zu seiner Zeit als besonders verrucht. Besuchten preußische Prinzessinnen die Nationalgalerie in Berlin, musste das Bild verhängt werden. Auf der Seite der Dame blühen erotisierende Pflanzen, in seiner Ecke herrscht tristes Grün. Die erloschene Zigarre. die abwesend blickende Gattin – überall versteckte Symbole verhinderter Erotik!

KÖNIG LUDWIG II. VON BAYERN TRÄUMT
IN SEINEM WINTERGARTEN

„Du sandtest mir blühende Rosen
Einst über den lieblichen See
Mit Zweigen des weißen Jasmines
Gleich duftendem Nachwinterschnee."
Elisabeth, Kaiserin von Österreich und Königin von Ungarn, zum Tod Ludwigs II.

Den Kunsthistorikern gilt der Wintergarten König Ludwigs II. in der Münchner Residenz als bombastischer, nicht zu überbietender Höhepunkt des Historismus. Er barg wenig Selbsterlebtes – eigentlich nichts! –, aber viel Angelesenes, und dies in einer wunderlichen Mischung. Der König träumte sich in eine nie stattgefundene Vergangenheit, in der sich Nibelungen und Kreuzritter gleichermaßen an den Hängen des Himalaja tummelten. Dass sie nie dort gewesen waren, störte Ludwig wenig. Durch Rhododendren suchende „Pflanzenjäger" war der Himalaja damals das große Thema schlechthin. 1867/69 bauten der Architekt August von Voit und der Hofgartendirektor Karl von Effner dem König auf dem dreistöckigen Nordwest-Trakt der altehrwürdigen Münchner Residenz ein 69 Meter langes und 9,5 Meter hohes Tonnengewölbe aus Gusseisen und Glas, in dem Ludwig einen – nicht in allen Teilen stimmigen, aber prachtvollen – orientalischen Traum Wirklichkeit werden ließ. Eines Tages bat der König seine Verwandte, die Infantin Maria de la Paz, zum Abendessen:
„Ich war sprachlos ... Ein hin und her schwingender Papagei mit einem goldenen Schopf schrie guten Abend zu mir. Indes wir eine primitive hölzerne Brücke über einen beleuchteten See überquerten, sahen wir zwischen den Kokosbäumen eine indische Stadt ... Wir kamen zu einem Zelt aus blauer Seide, bedeckt mit Rosen, in welchem ein Stuhl stand, von zwei geschnitzten Elefanten getragen, vor ihm lag eine Löwenhaut. Der König führte uns ... zu dem See, in welchem sich ein künstlicher Mond spiegelte, sodass die Blumen und Wasserpflanzen magisch beleuchtet wurden. An einen Baum war ein Boot gebunden, wie es die Troubadours in alten Zeiten benutzten. Wir kamen dann zu einer indischen Hütte, von deren Dach echte Wimpel und Fahnen hingen, Fächer und Waffen ... schmückten die Decke. Plötzlich fühlte ich mich wie durch Zauberhand in die Alhambra versetzt, ein kleines maurisches Zimmer mit einem Springbrunnen in der Mitte, von Blumen umgeben. In einem anschließenden runden Pavillon hinter einem maurischen Bogen war das Abendessen gerichtet. Der König ... klingelte leise mit einer Tischglocke. Wie aus der Versenkung erschien ein Lakai ... Plötzlich war ein Regenbogen zu sehen ... Nach dem Essen fragte mich der König sehr höflich, ob mich Rauchen störe, und führte uns zu einer Sta-

Als junger Mann galt Ludwig II. von Bayern als außerordentlich schön. Bevor er dem Alkoholismus anheimfiel, war er der Schwarm junger, aber auch älterer Münchner Mädchen. Dieses Gemälde von Ferdinand Piloty d.J. von 1865 zeigt ihn im Alter von 20 Jahren in einer prächtigen Generalsuniform mit Krönungsmantel.

Für sein Königshaus im Gebirge, das Schachenschlösschen, ließ sich König Ludwig II. eine idealisierte Darstellung seines Wintergartens auf der Münchner Residenz von Julius Lange 1872 malen. Die Gebirgszüge des Himalaja waren auch im realen Wintergarten des Königs (siehe Foto rechts) nur ein gemalter Hintergrund. Das im Bild von einer Bananenstaude verdeckte blaue Prachtzelt aber war dort ein reales, frei stehendes kleines Gebäude. Auf dem echten Teich im Vordergrund schwammen lebende Schwäne.

106

laktiten-Grotte … Die Musik spielte eine Habanera … Während wir an den Türmen Hindustans vorüber kamen, erklang Aïda."

Einiges erwähnt die Infantin nicht, so die auf dem See schwimmenden lebenden Schwäne. Bei dem Bambus, den Dattelpalmen, den Bananenstauden und den mexikanischen (!) Kakteen handelte es sich um echte, lebende Pflanzen, die man mühsam aus den Nymphenburger Gewächshäusern auf das Dach der Residenz verbracht hatte. Der Wintergarten des Königs mit den indischen Landschaften auf riesigen bemalten Leinwänden, seinem echtem Mauerwerk, den Stalaktiten aus mit Gips überzogener Sackleinwand, seiner raffinierten künstlichen Beleuchtung und der nicht ganz passenden „Live"-Musik war ein Gesamtkunstwerk von höchster Eigenart. Den Blumenschmuck muss man sich stets frisch und grandios vorstellen. Zwei der Vorfahren des Autors dienten als Hofgärtner, und diese überlieferten, dass Ludwig II. bei Blumenarrangements extrem heikel war und absolut keinen Spaß verstand. So waren ihm die Sträuße, die er Sängerinnen nach den gespenstischen Hofopernaufführungen – mit ihm als einzigem Zuschauer – überreichen ließ, stets zu klein.

Schließlich gingen die verängstigten Hofgärtner in dem stets vergeblichen Bestreben, es ihrem hohen Herrn ja recht zu machen, dazu über, die riesigen Sträuße zur besseren Stützung auf Wagenräder zu flechten und zu binden. Doch dies führte zu einer schrecklichen Katastrophe. Trotz Warnung versuchte eine Sängerin mit diesem schweren Blumenungetüm einen Hofknicks, verlor das Gleichgewicht und stürzte in den Orchestergraben, wo sie sich aufs schwerste verletzte. Dagegen war das Missgeschick des Hofkochs Hierneis eher harmlos. Der mit blühenden Seerosen bepflanzte See des Wintergartens leckte und tropfte in das Bett des Hofkochs, der darunter wohnte.

Wintergärten – wie alle Gärten – sind sehr persönliche Selbstinszenierungen ihrer Besitzer und daher vergängliche Kunstwerke. Bald nach dem geheimnisvollen Tod des Königs im Starnberger See musste auch sein Traum sterben. Man trug den Wintergarten auf dem Dach der Residenz wieder ab. Verschiedene Teile der Eisenkonstruktion profanierte man später an anderer Stelle als Maschinenhalle.

 SIE HABEN EINE SCHWÄCHE FÜR TEICHE MIT SEEROSEN IN GESCHLOSSENEN RÄUMEN ODER UNTER FREIEM HIMMEL? DANN GEHT ES FÜR SIE WEITER AUF SEITE 116.

KONTRASTPROGRAMM – DER KLEINGARTEN

Die Wohlhabenderen unter unseren Urgroßvätern hatten für den „Kleingarten" nur Verachtung übrig und drückten dies in so hässlichen Namen wie Armenacker, Armen- oder Arbeitergarten aus. Heim- oder Laubengarten klang da schon freundlicher. Doch die gebräuchlichste Bezeichnung ist heute noch „Schrebergarten", nach dem Leipziger Arzt und Erzieher Daniel Gottlob Moritz Schreber (1808–1861). Für die Häuschen der Kleingärtner setzte sich zumindest in der ehemaligen DDR das aus dem Russischen übernommene Wort „Datsche" durch.

Nach Hartwig Steins Untersuchung *Inseln im Häusermeer. Eine Kulturgeschichte des deutschen Kleingartenwesens bis zum Ende des Zweiten Weltkrieges* von 1998 waren gerade die Kleingartenkolonien über 200 Jahre (!) hinweg ein Tummelplatz selbsternannter Volkserzieher aller Konfessionen und jeglicher politischer Weltanschauung, die die ärmere Bevölkerung von alkoholischen, sexuellen und sonstigen Orgien abzuhalten suchten. Daher waren Fragen wie „Darf man während der Gottesdienst-Zeiten umgraben?" oder „Ist es gestattet, fremdartig-wilden Foxtrott zu tanzen oder sind Rundtänze den deutschen Kleingärtnern beiderlei Geschlechts nicht sehr viel angemessener?" Gegenstand eingehendster Diskussionen. Auch das Problem der „einheitlichen Einfriedung und der Typenlaube" wurde sehr ernst genommen. So fand die „sozial-ästhetische Erziehungsdiktatur" – wohlgemerkt eine Wortschöpfung ihrer Befürworter, nicht ihrer Gegner – fast einhellige Zustimmung. Keineswegs konnte im Schrebergarten „jeder Mensch sein eigener Herr" sein. Heinrich Förster – ein Hohepriester des deutschen Kleingartens – fand hierfür zu Anfang des 20. Jahrhunderts in sprödem Behördenstil eine wahrhaft klassische Formulierung: „Der einzelne Kleingärtner kann in seinem

Frigeo-Brausepulver war keineswegs nur für Kinder gedacht, vor der massenweisen Verbreitung des Kühlschranks versprach das prickelnde Getränk Erfrischung auch dem schwer arbeitenden Kleingärtner. Diese Werbung kombiniert eine moderne serifenlose Schrift mit der Sütterlinschrift, die nach einem Erlass Hitlers 1941 verboten wurde. In den 1950-Jahren wurde sie in deutschen Schulen wieder aufgegriffen.

Gärtchen nicht tun und lassen, was er will, sondern ist an die Forderungen, die die Allgemeinheit hinsichtlich der schönheitlichen Ausgestaltung des Gartens zu stellen berechtigt ist, gebunden. Die fachmännische Beratung und die dauernde Beaufsichtigung der Beete und übrigen Anlagen in den Kolonien durch die Organisation ist eine selbstverständliche Voraussetzung."

Offenbar düngt man in England den Gartenboden nicht ganz so intensiv mit Moralinsäure, denn ausgerechnet Charles, Prince of Wales, schreibt dem Schrebergarten noch eine weitere positive Bedeutung zu: „Gärten und Schrebergärten bieten Nützlingen wertvollen Lebensraum." Seine Königliche Hoheit empfiehlt darüber hinaus gerade Anfängern der Gartenkunst einen Schrebergarten als praktisches Übungsgelände: „Vielleicht aber gibt es in der Nähe eine Schrebergartenkolonie ohne lange Warteliste. Vor allem für einen Neuling kann es sinnvoll sein, sich einen Schrebergarten mit Freunden zu teilen ..."

Jedoch die harte Wirklichkeit sieht anders aus. Menschen, die in Notzeiten in Lauben und Kleingärten hausen müssen, wollen nur eines – überleben. Sie haben für „sozial-ästhetischen" Überbau wenig Verständnis. 1932 beschrieb Hans Fallada in seinem berühmten Roman *Kleiner Mann – was nun?* das ärmliche Leben in einer Laubenkolonie. „Es ist ein dunkler, kalter, nasser November ..." Zwar regnet es nicht rein, aber das „Zimmer war nur klein, drei zu drei Meter, es stand darin nichts als ein Bett, zwei Stühle, ein Tisch und eine Frisiertoilette". Die Küche war mit dem „kleinsten Herd von der Welt" noch winziger. In dieser Laube hauste ein Arbeitsloser mit Freundin und Kleinkind für 10 Mark Miete im Monat. Im Winter blieben nur die Ärmsten der Armen zurück. Zu schlimm waren „Kälte, Schmutz und Einsamkeit".

GENUG DER KLEINGÄRTEN! ES LEBEN WEITE UND GRÖSSE IN „GARTENPRUNK UND TECHNISCHE TRICKS AM HOF LUDWIGS XIV." AUF SEITE 36.

2. Schöne Amaryllis
(Amaryllis formosissima).

10. Knopf-Simse
(Juncus conglomeratus).

4. Zweiblätteriges Maiglöckchen
(Majanthemum bifolium).

3. Gebräuchlicher Spargel
(Asparagus officinalis).

11. Feld-Hainsimse
(Luzula campestris).

9. Strauch-Aloë
(Aloë fruticosa).

9. Artischote
(Cynara Scolymus).

DER MÖRDER IST IMMER DER GÄRTNER

Zahlreiche Kriminalgeschichten spielen in einem Garten. Allein Titel wie *Der Mord im maurischen Pavillon* (1912) oder *Der Mord im Rosenbad* (1921) klingen schon sehr vielversprechend. In welcher schauerlichen Moritat wurde *Der Kopf im Schrebergarten* (1929) gefunden? Wer mag *Der Tote im Rosengarten* (1937) gewesen sein? Wem wurden *Die todbringenden Gendablumen* (1927) zum Verhängnis? Was mag es mit dem *Kampf um Gladiolen* (1883) auf sich gehabt haben oder mit der *Blume des Grauens* (1938), und wieso kam 1938 *Der Tod aus dem Garten*? Im gleichen Jahr erschien *Die mordende Blume* – um nur einige wenige zu nennen. Und doch haben sich grausliche Romanverbrechen noch sehr viel häufiger in Gärten abgespielt, als es die Titel vermuten lassen.

Seit in der Renaissance der königliche Leibarzt Jean Nicot seinen an Hauteiterungen leidenden König Franz II. in Tabaklauge gebadet hatte – was zum Tod des Herrschers führte –, wusste man, dass durch Auskochen von Tabakblättern eine äußerst giftige Lösung entsteht.Da seitdem Tabaksorten billig und leicht im Überseehandel zu erhalten waren und das Auslaugen keine speziellen Kenntnisse erforderte, war hiermit auch ein Pflanzenschutzmittel gefunden, das man leicht auf von Parasiten bedrohte Pflanzen – insbesondere auf Rosen – aufbringen konnte. Bis zur Mitte des 19.Jahrhunderts war Nikotin – wie andere Alkaloide auch – durch Chemiker nicht nachweisbar, was böse Menschen dazu verführte, in der Tabaklauge ein unauffälliges Mittel zur Regelung von Erbfolgen zu sehen.

1851 erschütterte der Mordfall Bocarmé die europäische Öffentlichkeit. Wochenlang war er das beherrschende Thema der damaligen illustrierten Zeitungen. Graf Hippolyte de Bocarmé und seine junge Gattin liebten ein luxuriöses Leben und orgiastische Feste auf ihrem Schloss Bitremont bei Bury in Belgien, was ihre finanziellen Mittel bald weit überstieg. Die letzte Hoffnung galt dem Erbe des Bruders der Gräfin, die aber ins Nichts zerrann, als dieser sich – obschon körperlich leidend – doch noch verheiraten wollte. So beschloss man, ihn zuvor zu beseitigen, und flößte ihm unter Zwang reines Nikotin ein, das der Graf aus Tabaklauge zum Spritzen seiner Rosenbeete gewonnen hatte. Um den Tabakgeruch zu verdecken, spülte man Mund und Rachen der Leiche mit Weinessig. Da sich das gräfliche Paar und das Gesinde reichlich merkwürdig verhielten, ordnete der Untersuchungsrichter eine Obduktion an, bei der Zunge und Schlund, Magen und alle Eingeweide, insbesondere der Darmtrakt des Opfers, entnommen und in Alkohol eingelegt wurden, obwohl man zunächst gar nicht wusste, wozu dies gut sein sollte. Doch Jean Servais Stas, Professor für Chemie an der École Royale Militaire in Brüssel, entwickelte aufgrund der unterschiedlichen Löslichkeit von Nikotin einerseits und von körpereigenem Eiweiß andererseits in Wasser und Äther eine sichere Abtrennungs- und Nach-

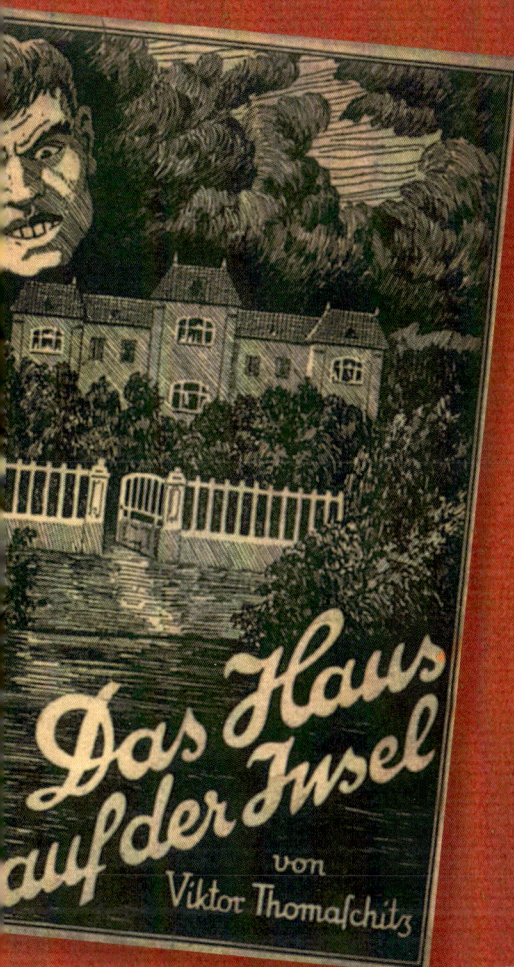

Ob das Böse von drinnen oder von draußen kommt, ist hier die Frage.

Jemand irrt in der „Roten Nacht" gehetzt durch einen Garten.

Offenbar wucherte die Tongabohne bedrohlich.

Und was die Luchsaugen sahen, dürfte schlimm gewesen sein.

113

weismethode für Nikotin. Wenige Tage nach Beendigung der Untersuchungen an der Leiche gelang es der Gendarmerie sogar, hinter den hölzernen Täfelungen des Schlosses die versteckten chemischen Apparaturen zu finden. Die Geschworenen verurteilten den Grafen zum Tod durch das Fallbeil.

Leider ist der Fortschritt der Wissenschaft häufig eine problematische Angelegenheit. Nun wusste allenthalben der wirklich dümmste Verbrecher, wie gefährlich das Pflanzenalkaloid Nikotin ist. Daher häuften sich die Nikotinmorde und beflügelten die Verfasser von Kriminalromanen. Besonders bekannt wurde *Nikotin* von Agatha Christie (1934, deutsch 1935). Sir Charles, Christies Mörder – wie man bei Agatha natürlich erst auf der letzten Seite erfährt –, kann sich von seiner psychisch kranken Frau nicht scheiden lassen, will aber ein junges Mädchen heiraten. Daher muss er Mitwisser seiner ersten Ehe und auch die arme Kranke beseitigen. Wie es sich für einen betuchten Angehörigen der Upperclass gehört, besitzt Sir Charles einen riesigen, etwas ungepflegten Garten. Der Detektiv Hercule Poirot folgt heimlich Sir Charles' Sekretärin: „Nun … kletterte sie einen vollkommen verwachsenen, kaum sichtbaren Pfad hinauf … bis … zu einem alten steinernen Turm …,

wie es deren an dieser Küste viele gibt … Miss Milray steckte den Schlüssel in die schwere Holztür … ächzend schwang die Tür in ihren Angeln … Der Lichtkegel der Taschenlampe glitt über Glasretorten, über einen Bunsenbrenner und verschiedene Apparate. Jetzt hatte die Sekretärin ein Brecheisen ergriffen. Schlagbereit hielt sie es über den gläsernen Geräten, als eine Hand ihren Arm packte. Sie fuhr herum, die grünen, katzenartigen Augen Hercule Poirots bohrten sich in die ihren. ‚Mademoiselle, das dürfen Sie nicht tun', sagte er. ‚Denn was Sie zerstören möchten, ist Beweismaterial!'" Die Wachsamkeit der Sekretärin hatte Hercule Poirot auf die richtige Spur geführt: Sie „wusste, dass ihr Arbeitgeber in dem alten Wachturm … chemisch herumexperimentierte. Miss Milray bezahlte die Rechnungen für die Lösungen zum Besprizen der Rosen und merkte, dass eine ganze Menge der Flüssigkeit auf unerklärliche Weise verschwunden war. Als sie las, dass man Babbington durch Nikotin vergiftet habe, zog ihr kluger Verstand sofort die Schlussfolgerung, dass Sir Charles das reine Alkaloid aus der Rosenlösung gewonnen hatte."

Der Mörder ist immer der Gärtner? Nein, der Mörder bedient sich hier der friedlichen Gartenkunst …

 IM WIRKLICHEN LEBEN SIND MORDE IM GARTEN GAR NICHT SO HÄUFIG, DAHER HIER KEIN HINWEIS AUF EIN ANDERES KAPITEL.

Insektenvernichtungsmittel sind häufige Todesursachen in Gartenkrimis.

Im Garten ereignet sich manch Rendezvous, das mancher Dame nicht gefällt. Wahrscheinlich wird sie sich mordend rächen.

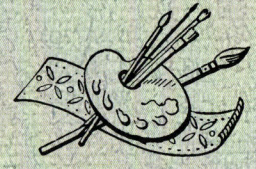

SEEROSEN UND DIE KUNST
DES IMPRESSIONISMUS

Wenige Gärten sind auch nur annähernd so berühmt wie der von Claude Monet in Giverny. Monets fast gleichaltriger Freund Georges Clemenceau, prominenter Politiker und im Ersten Weltkrieg „Père de la Victoire" über das kaiserliche Deutschland, beschrieb nach Monets Tod die gestalterischen Probleme – an deren Lösung Clemenceau selbst beratend mitgewirkt hatte: „Wenn ich berichte, dass durch den Garten Monets eine Automobilstraße führt, die Eisenbahn von Gisors und ein Arm der Epte, so könnte man vielleicht denken, dass die Einheitlichkeit darin nicht der vorherrschende Zug gewesen ist ... ohne Autostraße, ohne Eisenbahn, ohne Fluss, der die Fischer lockte, hätte man vielleicht in ihm die Abgeschiedenheit gefunden. Nun, das ist gerade das Wunder, man ist darin vor allem Zudringlichen geschützt."

1890 erwarb Monet ein älteres Bauernhaus und baute es um. Ab 1893 entstand durch weitere Zukäufe nach und nach ein im Grundriss durchaus merkwürdiger Garten. Eifriges Lesen botanischer Lehrbücher und umfangreiches Studium von Gartenzeitschriften formten den Maler zu einem kundigen Gärtner. Zeitweilig ließ sich Monet durch einen japanischen Gartengestalter unterstützen, sammelte er doch auch leidenschaftlich japanische Holzschnitte, die noch heute die Wände seiner Zimmer zieren.

Der Schutz vor neugierigen Blicken erforderte aufwändige Maßnahmen: „Eine mit einem Gitter erhöhte Mauer, Bäume und die Wegeinfassung bewirken, dass niemand den Blick des Vorübergehenden zu fürchten hat." Dennoch stellt man sich ein stilles Gartenidyll anders vor. „Eine Tür gestattet, über die Landstraße zu gehen, ein Schlüssel, die abgeriegelte Böschung des Schienenstrangs zu überschreiten, den große Rhododendrenbüsche und ein hohes Lattenwerk mit Kletterrosen von allen Seiten absondern. Die Reisenden konnten sich nicht beklagen, wenn sie an einem riesigen Blumenstrauß vorbeifuhren, und Monet, der nur einige

In den letzten Jahrzehnten seines
Lebens malte Monet immer und immer
wieder die Seerosen im Teich von
Giverny in verschiedenen Farben, die
von Jahr zu Jahr variierten. Sie wurden
jeweils neu gesetzt.

Schritte von ihnen entfernt war, war so sehr in den Spiegel seines Teichs vertieft, dass er nicht einmal den Zug hörte."

Dieser immer größer werdende Seerosenteich mit eigenen Kanälen zur Wasserzufuhr war fraglos das Zentrum. „Der übrige Teil des Gartens ist sozusagen nur ein stiller, mit leuchtenden Wasserrosen blühender Teich, der bis unter den mit Glyzinien überwachsenen Bogen einer malerischen japanischen Brücke reicht, die einzige Konzession an die Romantik dieser Stätte." Allerdings war die Verschmutzung durch die Dampflokomotiven dermaßen hoch, dass Monets Gärtnertruppe – ein Chefgärtner mit sieben Helfern – jeden Morgen über den Teich rudern musste, um die verrußten Seerosen zu reinigen. Die Pappeln am Bahndamm halfen da wenig. Doch die raffinierte Bepflanzung überdeckte alle Nachteile: „... eine Halbinsel von großem, dichtem Bambusrohr, ein Röhricht, von fließenden Wässerchen eingefasst, die sich durch lustige Gräser dahinschlängeln. Der runde Weg im Laubgang der Kletterrosen öffnet kleinere Bögen in glühenden Farben über das Grün der riesigen Wiese, die sich bis zu den Uferhügeln der Seine ausdehnt." In der Tat: „Mehr ist nicht nötig, um einen paradiesischen Aufenthalt zu gestalten." Aber es ging Monet um mehr! Bei seiner immensen Lektüre stieß er auf Artikel der Gertrude Jekyll, in denen sie ihre Ansichten über die farbige Gestaltung von Beeten darlegte und sich insbesondere mit den Farbexperimenten und -theorien von Michel Eugène Chevreul auseinandersetzte. So übertrug Monet die Stilmerkmale des Impressionismus auf die Gartenkunst, und der Garten, der Jahreszeit für Jahreszeit in weiten Teilen neu gestaltet wurde, diente wiederum Monets Malerei! So wie andere Maler für jedes neue Gemälde ihre weiblichen Modelle mit anderen Roben ausstatteten und mit prächtigem Schmuck und Accessoires behängten, schuf Monet neue, blühende Farbarrangements. Dass die Blumen seiner Gemälde häufig die Farben wechselten, lag nicht nur am wechselnden Spiel des Lichts oder – wie Zeitgenossen süffisant behaupteten – am kranken Auge des Meisters. Es waren auch jeweils frisch gesetzte Pflanzen! Nach und nach dominierten die Seerosen und die Ansichten seines Gartens Monets Kunst. Gegen Ende seines Lebens malte er fast nur noch seinen Seerosenteich, Bilder, die er in einer generösen Geste dem französischen Staat schenkte.

Im Übrigen wirkt heute Monets Garten viel schöner als zu Lebzeiten des Meisters. Die Gleise der Eisenbahn wurden verlegt, und man gelangt heute durch einen Tunnel unbeschadet unter der Straße hindurch.

 ALS KONTRASTPROGRAMM ZUR HOHEN KUNST: DAS „HOHELIED DES GEMÜSEGARTENS" AUF SEITE 70 ODER DAS LOBLIED AUF DEN HANF AUF SEITE 98.

Der greise Monet vor der berühmten japanischen Brücke, die noch heute seinen Seerosenteich überspannt. Das Dach der Brücke ist dicht mit Glyzinien überwuchert.

Kein noch so kleiner Halm, kein noch so winziges Kräutlein zeigt sich auf dem Kiesweg in Monets Garten. Seine zahlreichen Gärtner haben ganze Arbeit geleistet.

BLÜHENDER WEISSDORN

Nicht jeder Garten, der durch die Werke eines Schriftstellers weltberühmt wurde, muss diesem gehört haben. Auch braucht ein Verfasser unsterblich gewordener Blütenbeschreibungen nicht unbedingt jemals mit Laubrechen oder gar Spaten hantiert zu haben. Von Jugend an sah Marcel Proust seine Rolle in Gärten als die des gemächlichen Lesers und zurückhaltend-begeisterten Bewunderers – unnachahmlich beschrieben in seinem autobiografischen Romanfragment *Jean Santeuil:* „Gegen zehn Uhr begab er sich in den Park, zuweilen mit dem Buch unterm Arm, in der Absicht, ein Kapitel im Freien auf dem Faltstuhl am Kanal zu beenden. Denn zu dieser Stunde war es schon warm und die Nähe des Wassers etwas Köstliches … in der Geruhsamkeit eines glücklichen Lebens geht von den einfachen Begebenheiten ein Widerschein von Glück aus."

Tipp

REISE ZUR „JOURNÉE DES AUBEPINES"
Der Tag des Weißdorns findet jedes Jahr Mitte Mai statt und wird von verschiedenen Veranstaltern als Höhepunkt einer Reise auf den Spuren Marcel Prousts angeboten.
(www.illiers-combray.fr).

Stundenlang feilte er in aller Geruhsamkeit an der Ausformulierung seiner Beobachtungen: „Die Zeit der Fliederblüte ging zu Ende. Einige Büsche, die ihre ganze Frische bewahrt hatten, ließen ihre delikaten lila Kügelchen in pyramidenartigen Girlanden hervorquellen. Meist jedoch blieben im zarten Laub aus länglichen herzförmigen Blättern, in denen ihre lilafarbene, wohlduftende Brandung aufschäumte, nur spärliche Dolden." Noch mehr begeisterte Proust die Weißdornblüte: „… das war auch der Zeitpunkt, da die sechzig hochstämmigen Weißdorne, von der Größe eines Apfel- oder Kirschbaums, die im Kreis um den Teich standen, in Erscheinung traten, mit ihren langen, waagrechten Armen, mit ihren feinen ausgestreckten Händen, an denen unzählige Pompons aus rosa Blüten befestigt waren … sodass man stellenweise das Laub nicht mehr sah … Nach drei allesamt rosafarbenen Bäumen kam einer, dessen Zweige weinfarbene Blüten mit einem weißen Zeichen trugen, die aber doppelt waren, wie rote Weißdornblüten." Den Duft des blühenden

Nichts ging Marcel Proust über den
erotisierenden Duft von blühendem
Weißdorn.
Noch heute ist die Weißdornblühte
für Proustiennes und Proustiens
der Höhepunkt des Jahres.

Weißdorns empfand Proust als ebenso erotisch wie
einen Kuss auf die Wange eines schönen jungen Mädchens. Zwar überlieferten Freunde, dass er auch in
Betrachtung bengalischer Rosenstöcke im Park des
Schlosses Réveillon in einen Zustand verzückter Entrü-
ckung geraten konnte, doch die Gemeinde seiner bewundernden Leser, der „Proustiens" und „Proustiennes",
war und ist der Meinung, dass der blühende Weißdorn
das kennzeichnende Symbol der literarischen Werke
Prousts sei.
Nach dem Tode Marcels sah dies auch sein Bruder
Robert so, und er begründete am ersten Sonntag im
Mai des Jahres 1935 – nur wenige Wochen vor seinem
eigenen Tod – mit dem „Weißdorntag", der „Journée
des Aubepines", eine heute noch in Ehren gehaltene
Wallfahrt nach Illiers, einer Kleinstadt, in der Marcel
im Garten und im Park seines Onkels Jules Amiot

einen Teil der Jugend verbracht hatte. Am Weißdorn-
tag lassen sich noch heute „proustifizierte" Leseratten in
Omnibussen in das zu Ehren Prousts und seines großen
Romans *À la recherche du temps perdu* umbenannte
Illiers-Combray kutschieren, um nach ritualisiertem
Genuss von in Lindenblütentee eingetunkten Made-
leines den blühenden Weißdorn im Park von Onkel
Jules zu bewundern und sinnend Prousts geliebten
Schwänen zuzusehen.
Der Weißdorntag ist eine jener Begebenheiten, bei
denen sich die Frage nach dem Jenseits aufdrängt. Ob
Marcel, auf einem Maiwölkchen vorüberschwebend,
auf seine in hellen Scharen angerückten Bewunderer
wirklich wohlwollend herniederblickt? Dass der extrem
sensible, zurückhaltende Romancier eine Gartenwall-
fahrt um seiner Person willen gewünscht haben könnte,
ist kaum vorstellbar.

 WEITERE EINWANDERERSCHICKSALE LESEN SIE AUF SEITE [17].

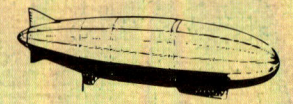

DER GARTEN DES PALAIS ROTHSCHILD
ALS LANDEPLATZ FÜR EIN LUFTSCHIFF
AUS GELBER SEIDE

In manchen Gärten finden sich zuweilen unerwartete Besucher ein. In die Rosengärten und Teiche der Familie Rothschild stürzte um 1900 häufig ein mit gelber Seide bespanntes, wasserstoffgefülltes Luftschiff. Angetrieben wurde es von einem flammenspeienden Motor und gelenkt von einem kleinen Mann von „liebenswerter Seltsamkeit". Noch öfter strandete Alberto Santos Dumont in den Kastanien im Garten des Stadtpalais der Rothschilds neben seinem eigenen Haus, Rue Washington Nr. 5 in Paris. Niederregnendes Laub, abbrechende Zweige und der aufjaulende Motor lockten dann die Rothschilds herbei, die ihren Butler anwiesen, ihm auf einem Silbertablett Champagner ins Geäst zu reichen. Manchmal schickte eine benachbarte Comtesse auch ein delikates Mittagessen in die Wipfel. Im Idealfall vertäute Santos Dumont das Luftschiff vorn an der Balkonbrüstung seines Hauses, wo es sich unter den Alleebäumen seltsam genug ausnahm.

Heute glauben wir, Fliegen bedeute, in möglichst kurzer Zeit mit Höchstgeschwindigkeit irgendwohin geschossen zu werden. Santos Dumont liebte dagegen das stilvolle Dahinbummeln in der Luft. So hängte er Tische und Stühle an die Decke seines Esszimmers, um sich an das Speisen in schwankenden Luftfahrzeugen zu gewöhnen. Denn nichts kam einem üppigen Mahl im Ballon gleich: „Ich hatte uns einen kräftigen Lunch aus hartgekochten Eiern, kaltem Roastbeef, Huhn, Käse, Eiscreme, Obst und Kuchen eingepackt, dazu Champagner, Kaffee und Chartreuse. Es gibt nichts Köstlicheres, als in einem Ballon über den Wolken zu speisen."
Als Krönung seiner ebenso zierlichen wie eleganten Erscheinung trug er stets eine weiße Chrysantheme im Knopfloch – und dies auch, als er an der Fassade des Pariser Trocadéro-Hotels strandete und von der Feuerwehr mittels einer Leiter befreit werden musste. Die Feuerwehrmänner waren beeindruckt.

 KULINARISCH GEHT ES WEITER AUF SEITE 135 ODER ALS TRAURIGE VERLUSTLISTE AUF SEITE 87.

122

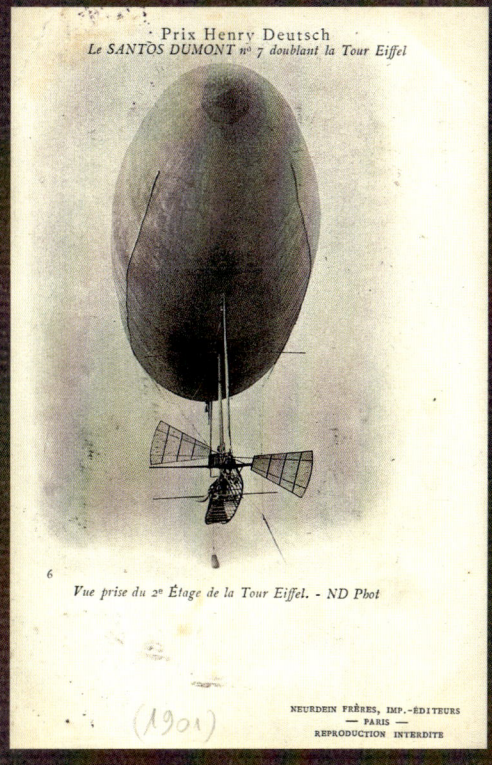

Prix Henry Deutsch
Le SANTOS DUMONT n° 7 doublant la Tour Eiffel

6
Vue prise du 2e Étage de la Tour Eiffel. - ND Phot

(1901)

NEURDEIN FRÈRES, IMP.-ÉDITEURS
— PARIS —
REPRODUCTION INTERDITE

Prix Henri Deutsch
Expériences du SANTOS DUMONT n° 7
pour doubler la Tour Eiffel

4
Le Départ du Parc de l'Aéro-Club (Coteaux de Longchamps). - ND Phot

Souvenir de la coupe
Georgette Amélie Valentine

(1901)

NEURDEIN FRÈRES, IMP.-ÉDITEURS
— PARIS —
REPRODUCTION INTERDITE

Expériences de SANTOS DUMONT pour doubler la Tour Eiffel

Le Départ des Coteaux de Longchamps. - ND Phot

Souvenir de mon ami
Carlos Martinez

NEURDEIN FRÈRES, IMP.-ÉDITEURS
— PARIS —
REPRODUCTION INTERDITE

Der Luftfahrtpionier Santos Dumont war ein begabter Amateur, aber kein Profi-Kon-strukteur. Die drei Postkarten belegen: seinem Luftschiff fehlten die Seiten- und Höhen-Leitwerke. Er ersetzte diese durch sich selbst. Lief er nach vorn, sank sein Luft-schiff. Lief er nach hinten, stieg es. So war die Landung im Garten der Rothschilds wie vorprogrammiert.

EIN VERLORENER ROSENKRIEG

ELIZABETH VON ARNIM UNTERLIEGT DEM „GRIMMIGEN"

Es gibt mancherlei, was begeisterte Gärtnerinnen nerven kann, auch der eigene Ehepartner: „Als ich heute Morgen zum Frühstück erschien, lagen die Rechnungen für meine Rosen und Pflanzenknollen und sonstigen Gartenschwelgereien vom letzten Jahr alle auf dem Tisch. Ein ziemlicher Schrecken für mich." In des Wortes vollster Bedeutung entspann sich um 1900 ein ehelicher „Rosenkrieg" auf Gut Nassenheide in Pommern. „Gärtnern, scheint mir, ist teuer, wenn man die Ausgaben vom eigenen Taschengeld zahlen muss. Der Grimmige [Elizabeth von Arnims Kosename für ihren Mann Henning August von Arnim-Schlagenthin] legt nicht den geringsten Wert auf Rosen oder Ziersträucher … oder neue Wege – warum sollte er, fragte er, dafür zahlen? Also tat er's nicht, sondern ich; und ich musste das wieder ausgleichen, indem ich nicht allzu ungehemmt der Kleiderlust frönte, was

zweifellos sehr disziplinierend wirkt." Die Schriftstellerin Elizabeth von Arnim entscheidet sich für die Rosen! „Ich ziehe jedoch sowieso den Kauf neuer Rosenbäume dem neuer Kleider vor, wenn ich nicht beides leichthin haben kann; und ich sehe die Zeit kommen, so meine Gartenleidenschaft so übermächtig wird, dass ich nicht nur gänzlich dem Kauf neuer Kleider entsage, sondern auch diejenigen verkaufe, die ich schon habe. Der Garten ist so groß, dass alles massenweise gekauft werden muss, und ich fürchte, ich schaffe es nicht viel länger nur mit einem Gärtner …, denn je mehr ich pflanze, desto mehr muss in der unvermeidlichen Trockenzeit gegossen werden …" Dieser Ehekonflikt lässt erahnen, welch großes Glück es für Vita Sackville-West bedeutet haben muss, dass ihr Mann ihre Gartenleidenschaft teilte. Doch der immer schwelende Konflikt mit dem „Grimmigen" vereitelte ein Arnimsches „Sissinghurst".

 WELCH VORTEILHAFTEN EINFLUSS EIN MEIST EINFÜHLSAMER EHEPARTNER FÜR EINE GELINGENDE GARTENGESTALTUNG HAT, BEWEISEN DIE SEITEN 146, 148 UND 152.

Rosa „Laure Davoust"

Elizabeth von Arnims Liebe zu Blumen
war wesentlich größer als zu ihrem
Gemahl. Sie ließ sich scheiden.

125

SPIELENDE KINDER IN IDYLLISCHEN GÄRTEN

WUNSCHTRAUM UND WIRKLICHKEIT

Literaten und ihre Leser fliehen gern in imaginäre, bessere Welten, in denen Gerechtigkeit und Glück herrschen – oder zumindest am Ende siegen. In nicht wenigen literarischen Texten wird das glückhafte, idyllische Spiel von Kindern in Gärten beschworen. Betrachten wir den anrührenden Roman *Der geheime Garten* der Engländerin Frances Hodgson Burnett (1911), der allein in Deutschland 24 Auflagen erzielte: Die verwaiste Mary wird von einem merkwürdigen Onkel auf dessem großen Landsitz in England aufgenommen. Bei dem Versuch, ihre Umgebung zu erkunden, findet Mary den Schlüssel zu einem „geheimen Garten". Völlig verwahrlost, blüht in ihm keine einzige Blume. In dem verwunschenen Garten verunglückte einst Marys Tante, die Mutter ihres schwerkranken Cousins. Dieses Unglück ist die Ursache der körperlichen, aber vor allem seelischen Leiden von Onkel und Cousin. Mit großer Liebe rekultiviert Mary gemeinsam mit ihnen den geheimen Garten. Ihre Hilfsbereitschaft und die Schönheit der Natur heilen alle Leiden der Beteiligten. Der Roman endet überaus glücklich: „Über den Rasen kam der Besitzer von Misselthwaite geschritten. Er sah so aus, wie ihn die meisten von ihnen nie gesehen hatten. Ihm zur Seite, den Kopf hoch erhoben, ging mit lachenden Augen, stark und sicher wie jeder andere Junge in Yorkshire, Master Colin."

Oscar Wilde zeichnet in seinem Märchen *Der selbstsüchtige Riese* eine tiefreligiöse Gartenidylle: Ein Riese vertreibt alle Kinder aus seinem Garten. Fortan toben dort Stürme, Hagel und Frost. Erst als die Kinder heimlich durch ein Loch in

Trotz aller gut gemeinten Werbung: Nichts ist zum Spielen so ungeeignet
wie helle Spielanzüge und weiße Strümpfchen und Schuhe.

der Mauer in den Garten zurückschleichen, scheint wieder die Sonne und es wird Frühling. „Die Vögel flogen umher und zwitscherten vor Entzücken und die Blumen guckten aus dem grünen Gras umher und lachten." Der geläuterte Riese schließt ein kleines Kind besonders ins Herz, doch dieses verschwindet für eine Reihe von Jahren. Als der Riese schließlich alt und gebrechlich geworden ist, kommt es wieder. Der Riese entdeckt Wundmale an Händen und Füßen des Kindes, das sich so als Reinkarnation des Christkindes erweist: „Du ließest mich einst in deinem Garten spielen, heute sollst du mit mir kommen in meinen Garten, in das Paradies.' Und als die Kinder diesen Nachmittag hereinstürmten, fanden sie den Riesen tot unter dem Baum liegen und ganz bedeckt mit weißen Blüten."

Aus politisch und gesellschaftlich bedrohten Zeiten flieht die Menschheit häufig in die Idylle, in die Fiktion einer vermeintlich besseren Welt. Zwar weiß eigentlich jeder, dass kleine Kinder keine Engel sind, sondern im Garten mit Schäufelchen, Förmchen, mit wassergefüllten Gießkännchen und mit in der Sonne glänzenden Sandkörnchen nicht selten wilde Hackordnungskämpfe austragen, bei denen ihre nur in den Augen der Erwachsenen niedlichen Spielgeräte zu gefährlichen, blutende Wunden schlagenden Waffen werden.

Diese kindlichen Gartenspiele sind – auch wenn die Eltern dies oft nicht so sehen wollen – die Vorbereitung auf spätere raue Kämpfe in unserer Gesellschaftsordnung. Nur wer sich im Sandkasten durchsetzen kann, wer mit genügend Kraft und Geschicklichkeit seinen Spielgefährten Schaufel und Eimer auf den Kopf donnert, oder auf lockige Köpfchen lieblicher kleiner Mädchen Sand streut und diese dann aus einem Kännchen mit Wasser begießt, wer dann die blutige Rache biestiger, kratzender Gegnerinnen mit stoischer Ruhe ertragen kann, der wird sich mit einer gewissen Wahrscheinlichkeit dreißig Jahre später als „Alphatier" auch in Vorstands-, Verwaltungsrats-, Fakultäts- und sonstigen Sitzungen durchsetzen können. Im Sandkasten wie im wirklichen Leben sind Heulsusen nicht gefragt.

 MAN HÄTTE ES NIE VERMUTET, ABER AUSGERECHNET OSCAR WILDE BEZIEHT SICH AUF RELIGIÖSE ASPEKTE IM GARTEN. VERGLEICHEN SIE DAZU SEITE 78.

Fasziniert schauen die ausgeschlossenen Nachbarskinder auf ihrem ungepflegten Rasen durch die Zaunlatten auf das neue Auto der Nachbarn mit dem gepflegten Rasen, das von deren privilegierten Kindern eifrig erobert wird.

DER SWIMMINGPOOL

„Hollywood-Filme versprühen auch Lebensmut. Aber wie ist das mit einem Film, der mit einer Leiche im Pool beginnt, die dann auch noch anfängt, ihr Leben zu erzählen?"
Nicolaus Schröder, Inhaltsangabe von Sunset Boulevard

Immer schon war Wasser im Garten die Ursache tödlicher Gefahr – in Goethes *Wahlverwandtschaften* ebenso wie in vielen trivialen Kriminalromanen und Filmen. Billy Wilders *Sunset Boulevard* (1951) begann mit einer im Swimmingpool treibenden Leiche. Viele schaurig-feuchte Leinwandszenen sollten folgen. Dabei gehört ein Schwimmbecken zu den eher jüngeren Errungenschaften der Gartenkultur. Der Klassiker *Der Swimmingpool* mit Romy Schneider und Alain Delon konfrontierte die Cineasten 1968 mit seelischen Wirrnissen und verzwickten Verstrickungen.

Vor dem Ersten Weltkrieg empfand man das Baden im Freien als ausgesprochen „shocking". Alte Offiziere der kgl. bayrischen Armee versicherten vor einem halben Jahrhundert dem Autor dieses Buchs mit Tränen freudiger Erinnerung, es habe an den Kanalufern bayrischer Schlossgärten für hüllenlos schwimmende Hofdamen Badehäuschen gegeben. So konnte man aus einem im Stil des Zweiten Rokoko möblierten, mit rotem Seidendamast tapezierten Umkleidezimmer über eine Treppe im Innern ungesehen ins Wasser gelangen. Für

den Kopf der Schwimmerin gab es eine kleine Öffnung dicht an der Wasseroberfläche. Allerdings scheint es nicht einfach gewesen zu sein, sich der erotischen Zudringlichkeit junger Fähnriche zu erwehren, die schwimmend der Dame in das Boudoir folgten. Ob es sich bei diesen lustvoll erzählten Erinnerungen um die Wahrheit oder geflunkertes „Erotik-Latein" alter, bayrischer Georgi-Ritter-Haudegen handelte, sei dahingestellt.

Zwischen den beiden Weltkriegen waren Swimmingpools auch in angelsächsischen Ländern eher selten und hinter schattigem Buschwerk versteckt, sodass das Badewasser mangels Heizung und Sonne viel zu kalt und die Treppen – Sprungbretter waren vielfach noch unbekannt – durch fallendes Laub oder Algenbewuchs viel zu glitschig waren. Doch gab es einige wenige Landedelleute, die überaus eindrucksvolle, „sündige" Bauwerke offen in die Landschaft stellten. Marc Girouard beschrieb 1989 eine gigantische, den „Garten" beherrschende Badeanlage: „Auf Port Lympne in Kent vereinten sich ausgefallene Badezimmer, ein maurischer In-

nenhof und römische Schwimmbecken mit herkömmlicheren Merkmalen und gaben zu erkennen, dass ihr Eigentümer Sir Philip Sassoon zwischen den Standards von ‚Country Life' und ‚Metro-Goldwyn-Mayer' hin- und hergerissen war."
Tatsächlich verhalfen die inhaltlich eher seichten, aber raffiniertest im Art-déco-Stil ausgestatteten Revuefilme des Hollywood der 30er-Jahre dem Swimmingpool zum endgültigen Durchbruch. 1930 holte Samuel Goldwyn den Regisseur Busby Berkeley als Musical-Choreografen nach Hollywood. Dieser liebte Massenaufgebote langbeiniger, schlanker Revuegirls, die in zwar einteiligen, aber knappsten Badeanzügen am Rand raffiniert ausgeleuchteter Pools in präfaschistoidem Gleichschritt stampften. Im Rhythmus der Musik sprangen sie dann von den damals neuen Sprungbrettern, um sich zu einem Wasserballett zu vereinen, das von einer an einem hohen Kran senkrecht über dem Pool schwebenden Kamera gefilmt wurde. Die Unmengen von Mädchenbeinen formierten sich zu wässrigen Blüten oder Herzen.

Nach dem Zweiten Weltkrieg, in der Wirtschaftswunderzeit, schwappte dann die Mode des Swimmingpools – begleitet von der Hollywood-Schaukel – sogar bis in die bundesdeutschen Gärten. Im Vollgefühl neu erworbenen Reichtums wurde der Pool nun nicht mehr wie einst hinter Büschen versteckt. Im Gegenteil, angelegt an besonders gut einsehbaren Stellen, mutierte er zu einem Symbol privaten Wohlstands reicher Gartenbesitzer. Was wäre der Small Talk auf sommerlichen Cocktail- oder Abendpartys ohne Plaudereien über Pool-Chemikalien, -Pumpen, -Filteranlagen, -Heizungen, warmhaltende Abdeckplanen oder Kescher zum Fangen von Laub?

 DIE FASZINATION VON WASSER IM GARTEN ERLEBT MAN IN DEN EPISODEN „GARTENPRUNK UND TECHNISCHE TRICKS AM HOF LUDWIGS XIV." AUF SEITE 36 UND IN KOMBINATION MIT FEUER AUF SEITE 38.

132

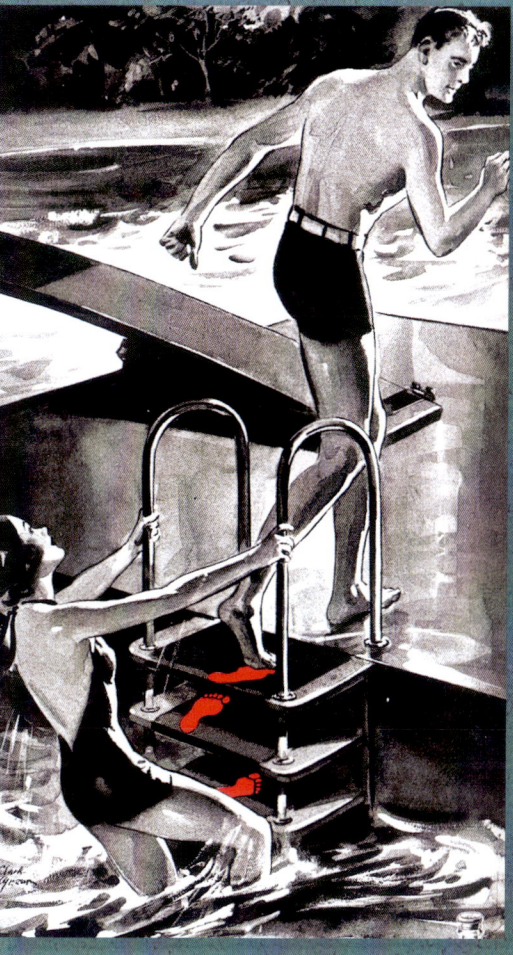

Pool-Vergnügen im Spiegel amerika-
nischer Reklame. Sie zeigt die ganze
Bandbreite von den Vorzügen des
kühlen Nass bis hin zu den drohenden
Gefahren – hier in Form von Fußpilz.

Hans Friedrich Schorer, *Festmahl im Freien*, aquarellierte Federzeichnung, 1620

SCHLEMMEN IM EINSAMEN GARTENPAVILLON

„Ein Mensch beim Essen ist ein gut Gesicht, / Wenn er nichts denkt und nur die Kiefer mahlen, / Die Zähne malmen und die Blicke strahlen / Von einem sonderbaren Urweltlicht."
Carl Zuckmayer, Das Essen

Graf Wojciech Chojnicki und seine Gäste fahren in Joseph Roths *Radetzkymarsch* zu einem abseits gelegenen, kleinen Garten. „Zu beiden Seiten lärmten die unendlichen Chöre der Frösche, dehnten sich die unendlichen blaugrünen Sümpfe. Der Abend schwamm ihnen entgegen, violett und golden." Der Garten ist ungepflegt und romantisch verwildert. „Die Hecken, die an beiden Seiten den kurzen Weg ... säumten, waren seit langer Zeit nicht beschnitten worden: So wucherten sie in wilder Willkür hier und da über den Weg, bogen ihre Zweige einander entgegen und erlaubten zwei Menschen nicht gleichzeitig den Durchgang ... Hinter den Hecken dehnten sich weite Flächen, von Distelblüten bewachsen, von den breiten dunkelgrünen Gesichtern des Huflattichs überwacht."
Vielleicht sparte der Graf bei der Entlohnung seiner Gärtner, doch keinesfalls bei seiner Köchin und den Serviererinnen. Als die Gäste den kleinen Pavillon betraten, war niemand vom Gesinde sichtbar. Doch der Tisch bog sich unter der Last eines raffinierten Imbisses für drei Personen: „Die braune Leberpastete, von braunschwarzen Trüffeln durchsetzt, stand in einem glitzernden Kranz von frischen Eiskristallen. Die zarte Fasanenbrust ragte einsam im schneeigen Teller, umgeben von einem bunten Gefolge aus grünen, roten, weißen und gelben Gemüsen, jedes in einer blaugoldgeränderten und wappenverzierten Schüssel. In einer geräumigen, kristallenen Vase wimmelten Millionen schwarzgrauer Kaviarperlchen, umrandet von goldenen Zitronenscheiben. Und die runden, rosafarbigen Schinkenräder ... reihten sich gehorsam aneinander ... Zwischen den Speisen standen fette, bauchige Flaschen und schmale, hochgewachsene ... Kristallkaraffen ... und glatte, runde ... Sie begannen zu essen."
Im Roman folgen komplizierte, inhaltsreich ahnende Gespräche über den nahenden Untergang der kaiserlichköniglichen Monarchie in Österreich-Ungarn. Zwar fordert der reichlich genossene Alkohol seinen Tribut, doch „... backenbärtige Diener fassten die Gäste sachte bei den Armen und führten sie hinaus." Der Garten und die Natur hatten sich während der Schlemmerei nicht verändert.
„Die Frösche quakten in den unendlichen Sümpfen. Es roch feucht nach Regen und Gras."

 SEIT JEHER SCHLEMMT MAN BEI GARTENFESTEN, AUCH AM GOLDENEN HORN AUF SEITE 29 ODER IM ELTERNHAUS VON KASTHERINE MANSFIELD AUF SEITE 140.

Das Buch zur Ausstellung:

DIE ZWERGE KOMMEN!

Die Gartenzwerge lachen. Warum nur und worüber? Vielleicht über Leute, die Gartenzwerge mögen. In Frankreich soll es Vereinigungen geben, die Gartenzwerge „befreien", das heißt stehlen, um ihnen im Wald die Freiheit zu schenken. Vive la France!

136

GARTENZWERGE, ZWIETRACHT SÄEND

„So war mein Garten auch in der ganzen Gegend berühmt, und jeder Reisende stand und sah durch die roten Staketen nach den Bettlern von Stein und nach den farbigen Zwergen."
Johann Wolfgang von Goethe, Hermann und Dorothea, III. Thalia. *Die Bürger*

Goethes Behauptung, „jeder Reisende" würde zwischen Zaunstaketen hindurch nach „farbigen Zwergen" sehen, mag damals zugetroffen haben. Die seinerzeit noch kleine Schar von Gartenzwergen war Schöpfung meist prominenter Bildhauer. Doch in den 70er-Jahren des 19. Jahrhunderts gelang es Thüringer „Gnömchenmachern", eine Großproduktion von knallbunten „Gnomen" aus Ton und Porzellan aufzubauen, die dank der nach dem Ersten Weltkrieg aufblühenden Schrebergartenbewegung weiter expandierte. Hunderttausende Gartenzwerge wanderten Jahr für Jahr aus Thüringen in alle Welt. Vornehme Villenbesitzer hingegen bestückten ihre teuren Grundstücke mit „wahrer" Kunst – wertvollen Plastiken ausgewiesener Künst-

ler – und keineswegs mit als kitschig empfundenen Massenprodukten aus den Zwergenbäckereien Thüringens. Seither beschäftigt der scheinbar so unschuldige Zwerg die deutsche Rechtsprechung.

Zunächst gilt es festzuhalten, dass sich der meist nur 35 bis 60 Zentimeter hohe Gartenzwerg leicht in den Garten integrieren lässt. Einem „Gartenzwerg als Gärtner" sind Körblein, Eimerchen und Schubkärrlein wunderbar mit Pflanzerde und blühenden Blumenstöcken zu füllen. Auch sollte man wohl nichts gegen musizierende, lesende oder Pfeifchen schmauchende Wichtel einzuwenden haben. Doch man hat! Gartenzwerge wurden häufig höchstrichterlich als wertmindernd für Nachbargrundstücke eingestuft und ihre Entfernung durch

Viel Glück im neuen Jahr

Gerichtsurteile verfügt. Die Gartenzwerg-Produzenten setzten sich mit zuweilen drastischen Einfällen zur Wehr. So kreierten sie „Gartenzwerge als Opfer" nachbarlichen Hasses: mit verrenkten Gliedern am Boden liegende Zwergenleichen, mit Messern im Rücken oder erdrosselt mit einem Strick um den Hals. Die Firma Gabriel in Rot am See schuf in ihrer Serie *Typisch deutsch* (!) zum Zwecke nachbarlicher Provokation noch den „Thüringer Tarzan", die mollige „Scharfe Susi"mit Bikini und Zipfelmütze, den Exhibitionisten „Jungfern Schreck" sowie das „Rasenmäher-Massaker".

Ungleich origineller sind allerdings selbstinszenierte anti-nachbarliche Zwergenkriege. Manche Grundstücksanrainer entziehen sich durch hohe Hecken und Gebüsch der Qual unerwünschten Zwergenanblicks. So liegt es nahe, einen „Gartenzwerg als Angler" auf eine hohe Staffelei zu stellen, und statt Schnur und Fisch auf dieser ein Schild an der Angelrute zu befestigen, das folgende, dem Kalten Krieg an der einstigen Berliner Mauer entlehnte Maxime trägt:

„Getrennt und doch Brüder."

 WER WICHTEL MAG, WIRD AUF SEITE 21 WEITER FÜNDIG.

Warum braucht die deutsche
Seele Zwerge in Gärten? Eier
färbende Zwerge, wie diese
– von bunten Singvögeln und
flauschigen Küken umflattert.
Stimmt mit uns etwas nicht?

DER TOD UND DIE WINDBEUTEL

KATHERINE MANSFIELD ERLEIDET
EIN GARTENFEST

O h, Feste liebe ich über alles", lässt Katherine Mansfield in ihrer Erzählung mit dem Titel *Das Gartenfest* (1922) die junge Laura sagen. Dieses Fest hat in Katherines Jugend in Neuseeland im Villengarten ihrer Eltern wohl tatsächlich stattgefunden. Wahrscheinlich verbirgt sich die Verfasserin selbst hinter der Figur der Laura Sheridan, und man darf auch annehmen, dass sie Lauras Schwäche für Windbeutel teilte.

Die Bäckerei hatte derer zu viele geliefert. „Zwei Minuten darauf leckten sich Jose und Laura die Finger ab mit dem gewissen andächtigen Blick, der nur von Schlagsahne herrühren kann." Auch der Blumenschmuck dürfte tatsächlich so ausgesehen haben: „Gleich innerhalb der Tür stand ein breites, flaches Tragbrett voller Töpfe mit roten Lilien ... Cannalilien, große rote Blüten, ... fast erschreckend lebendig auf leuchtend karminroten Stielen." In angelsächsischen Ländern gehört zu jedem Gartenfest ein großes, gemietetes Festzelt, dessen Aufstellung scharf durchdacht sein will. „‚Wie wär's mit der Lilienwiese?' ... ,Ist nicht auffällig genug ... so ein Ding wie ein Festzelt ... das möchte man irgendwo aufstellen, wo es einem wie ein Schlag in die Augen knallt.'"

Doch da naht die Katastrophe. In der ärmlichen Nachbarschaft ereignet sich ein Unfall. Ein junger Fuhrmann, Vater mehrerer Kinder, kommt zu Tode. Darf man nun so tun, als sei nichts geschehen, und einfach weiterfeiern?

Die mitfühlende Laura plädiert für Abbruch: „Wir können unmöglich ein Gartenfest geben, wenn gleich hinter unserem Tor ein Toter liegt." Aus der Tatsache, dass sich nach der Veröffentlichung dieser Geschichte Katherines Angehörige stritten, ob sie denn damals wirklich so engstirnig auf der Macht

Große Gartenpartys können laut und lustig sein. Früher ging man auf Gartenfeste in steifer Gesellschaftskleidung – immer in der Angst, sich zu bekleckern oder mit Glas und Teller auf dem Rasen zu stolpern. Vielleicht hält *Camille im Garten* von Claude Monet 1873 deshalb so melancholisch still? Während die Festgesellschaft auf dem Ausschnitt von François Flamengs Bild *Reception at Malmaison* sich deshalb weniger Sorgen zu machen scheint.

ihres Reichtums beharrt hätten und ob ihre Mutter tatsächlich so hartherzig gewesen sei, wissen wir, wie dicht an der Wahrheit die Erzählung liegt. Außer Laura bringt niemand den Nachbarn Sympathie entgegen. Schon wie deren Gärten aussehen! „Es waren kleine, schäbige Behausungen … In den Vorgärten waren nichts als Kohlstrünke, kranke Hühner und Tomatenbüchsen." Mit solchen Leuten redete man nicht! „Solange die Sheridans klein waren, war es ihnen verboten, jemals einen Fuß dorthin zu setzen."

Doch Laura lässt nicht locker: „Und stell dir nur vor, wie der armen Frau die Musik in den Ohren klingen würde!" Aber die Mutter: „Ich verstehe ohnehin nicht, wie sie in den muffigen Löchern am Leben bleiben –, dann geben wir trotzdem unser Fest, nicht wahr?"

„Die grünberockte Kapelle traf ein und wurde in einer Ecke des Tennisplatzes untergebracht" und „legte los, die Lohndiener rannten vom Haus zum Festzelt. Wohin man blickte, schlenderten Paare umher, beugten sich über die Blumen, grüßten und gingen auf dem Rasen weiter … Ach was für ein Glück, mit Menschen zusammen zu sein, die alle glücklich sind." Schließlich waren die Gäste weg, und nun regte sich doch das Gewissen.

Die Familie beschloss, die übrig gebliebenen Sandwiches und Windbeutel den Kindern des Verunglückten zu bringen. So kam es doch noch zu einer Begegnung mit der Familie des Toten. Laura im bunten Kleidchen litt tief unter der Peinlichkeit ihres Auftritts – besonders, als man sie vor die Bahre des Toten führte. Zwar wirkte dessen Gesicht friedlich. „Trotzdem musste man weinen, und sie konnte nicht aus dem Zimmer gehen, ohne etwas zu ihm zu sagen. Laura schluchzte laut und kindlich. ‚Verzeih meinen Hut!', sagte sie."

 KATHERINE SAH DIE TRAGIK HINTER DEN FESTEN, NORMALERWEISE MACHT FEIERN ABER SPASS. DIES ZEIGT SICH ZUM BEISPIEL AUF SEITE 135 ODER AUF SEITE 104.

So wie diese junge Dame mit Hut könnte Katherine Mansfield auf dem Sommerfest ausgesehen haben.

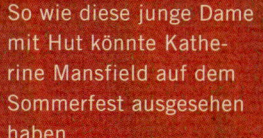

Come—drink a glass and learn why all America finds wholesome refreshment in

Coca-Cola

Demand the genuine by full name— nicknames encourage substitution. "Send for booklet "The Romance of Coca-Cola" THE COCA-COLA CO., ATLANTA, GA.

Der Tanz um das Goldene Kalb: Damals wurden Raucher noch nicht ins Freie vertrieben, sondern die Zigarette im Garten war einfach schick.

WELTLITERATUR AUS DER HOLZHÜTTE

VIRGINIA WOOLF UND IHR GARTEN

Virginia Woolf hielt in ihrem Tagebuch im September 1921 fest: „Unser Garten ist ein ganz und gar buntgescheckter Chintz: Astern, Zinnien, Nelkenwurz, Kapuzinerkresse & so weiter; alle leuchtend, aus Buntpapier geschnitten, steif, aufrecht, so wie Blumen sein müssen." Hermione Lee beschreibt liebevoll Virginias Arbeitsklause: „Allerdings war ihr erstes Gartenhaus, eine Holzhütte mitten im Garten, nicht ideal! Es hatte einen Dachboden, der über eine Leiter zu erreichen war, wo Leonard [Virginias Mann] die Äpfel lagerte; der Lärm beim Sortieren ärgerte Virginia. Der Hund kam und sprang kratzend hinter sie auf den Stuhl, und im Winter war es dort draußen zu kalt, um zu arbeiten. Aber es gab ein großes Fenster und die Aussicht auf die Downs, und spätere Verbesserungen machten es zu ‚einem wahren Palast der Bequemlichkeit'. 1934 wurde es an den hinteren Gartenrand versetzt, unter den Kastanienbaum neben der Friedhofsmauer aus Flint. Hier arbeitete sie, umgeben von Papieren, schrieb auf einem Brette, das sie auf den Knien hielt, und blickte hinaus … über die Sumpfwiesen."

Sie schrieb – heute fast unvorstellbar – ihre in die Weltliteratur eingegangenen Werke von Hand, mit grüner Tinte auf blauem Papier und einer klaren, aber dünnen Handschrift. Nach Möglichkeit arbeitete sie jeden Morgen drei Stunden von halb neun Uhr an im Stück. Ihre Biografin Hermione Lee fährt fort: „Ein kleiner gepflasterter Vorplatz wurde angelegt, durch eine Stufe von den Fenstertüren getrennt, wo an Sommerabenden Besucher saßen und … zusahen, wie auf dem Rasen Bowls gespielt wurde, der mit großer Verbissenheit betriebene Lieblingssport der Woolfs."

Freunde fanden die großgewachsene, fast magersüchtige, kapriziöse Schriftstellerin äußerst bemerkenswert: „Virginia kann absolut bezaubernd sein, wenn sie will, und heute wollte sie. Beim Bowls-Spiel ist sie die verrückteste Engländerin, mit einem Filzhut auf dem Kopf und langen, spitzen Segeltuchschuhen. Sie startete ein ganzes Stück hinter der Zielkugel, nahm einen kurzen Anlauf und schleuderte dann ihre Kugel mit wild rudernden Bewegungen … Zwei Hunde saßen dabei und meistens im Weg."

 DASS IN GARTENHÄUSERN MANCH GROSSES GELEISTET WURDE, ZEIGT SICH AUF SEITE 44 ODER AUF SEITE 86.

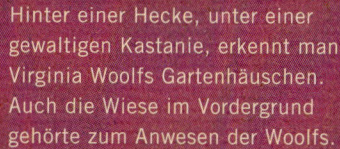

Hinter einer Hecke, unter einer
gewaltigen Kastanie, erkennt man
Virginia Woolfs Gartenhäuschen.
Auch die Wiese im Vordergrund
gehörte zum Anwesen der Woolfs.

Schon damals hätte es
Schreibmaschine, Telefon
und Kopiertinte gegeben.
Nichts davon ist hier zu
sehen. Auf Virginias Schreib-
tisch liegt nur ein Blatt
ihres blauen Papiers. Große
Literatur braucht wenig
Hilfsmittel. Doch der Blick
in den Garten beflügelt.

Virginia Woolf

DIE KATZE IM FEUER

ODER MISSGESCHICK MIT DEM ERSTEN ANEMONENBEET AUF SISSINGHURST

„Die Wände schwitzen', sagte sie, ... und tatsächlich brauchte sie nur die Hand auf die Eichentäfe-lung zu legen, damit ihre Fingerabdrücke sich dort abzeichneten. Der Efeu war so üppig gewachsen, dass viele Fenster wie versiegelt waren. Die Küche war so dunkel, dass man Kessel kaum von Seiher unterscheiden konnte. Eine arme schwarze Katze war aus Versehen für Kohle gehalten und ins Feuer geschaufelt worden. Die meisten Mägde trugen bereits drei oder vier rote Flanellunterröcke, obwohl es erst der Monat August war.“
Virginia Woolf, Orlando

So drastisch schildert Virginia Woolf 1925 in ihrem biografischen Roman die Rückkehr des fiktiven Helden Orlando – hinter dem sich ihre Freun-din Vita Sackville-West verbirgt – auf dessen bezie-hungsweise deren Landsitz und beschreibt damit die Hauptmerkmale des englischen Sommers: Der kühle Regen bedingt ein märchenhaftes Wachstum. Was den Lesern später nie auffiel: Virginia hatte die Umstände von Vitas Eintreffen auf ihrem Landsitz tatsächlich pro-phetisch vorausgesehen. Denn diese erwarb Sissinghurst Castle erst im Sommer 1930 – also fünf Jahre später. Vita und ihr Mann Harold Nicolson bezogen das erste renovierte Gebäude Anfang Dezember.

Auf das englische Wetter kann man sich verlassen, auch im Dezember regnete es. Harold erinnert sich: „Es war ein schöner Abend, soweit man das von einem eng-lischen Abend sagen kann, aber in der vergangenen Woche hatte es durchgehend geregnet. Den Gartenweg hatten die Maler ... zu Morast getrampelt.“ Der nasse Lehm klebte an den Schuhen, zog man sie aus, klebte er an den Händen. „An Tisch, Kaminsims und an allen Kerzen hatte ich große Lehmfingerabdrücke hinterlas-sen.“ „Wir werden Wasser brauchen!“, beschloss Vita und schickte Harold in den dunklen Garten. „Ich ... ging hinaus in die trübe Nacht. Ich wusste, wo die Pumpe war ... Was ich bis zum nächsten Morgen nicht wusste, war, dass Vita am Mittwoch zuvor hier gewesen war und eine Unmenge von Anemonen in direkter Linie von der Tür zur Pumpe gepflanzt hatte.“ Harold zertrampelte im Dunkeln das frische Beet. Er brauchte zu lange zum Saubermachen, das Feuer im Kamin er-losch. Nun musste er abermals Feuer im Kamin entzün-den, doch das Vorratsholz war nass. Schließlich fand er trockene Stöckchen, „die hastig brannten ... Ich legte nach und legte nach. Vita war verärgert, als sie schließ-lich herunterkam.“ Denn die nunmehr in Asche ver-wandelten Hölzchen hätten die Anemonenpflanzung markieren sollen.

Diese Geschichte ist von ungeheurem moralischen Nutzen. Nie – wirklich nie sollte man sich entmutigen lassen! Selbst aus zertrampelten Anemonen und ver-brannten Markierungshölzchen kann mit sehr viel Ge-duld und Geld ein weltberühmter Garten erwachsen. Ausdauer ist alles!

LESER, DIE SICH SCHADENFROH AM KAMPF DER GESCHLECHTER BEI DER GARTEN-GESTALTUNG ERFREUEN, SEI DIE LEKTÜRE DER EPISODE „EIN VERLORENER ROSENKRIEG“ AUF SEITE 124 EMPFOHLEN.

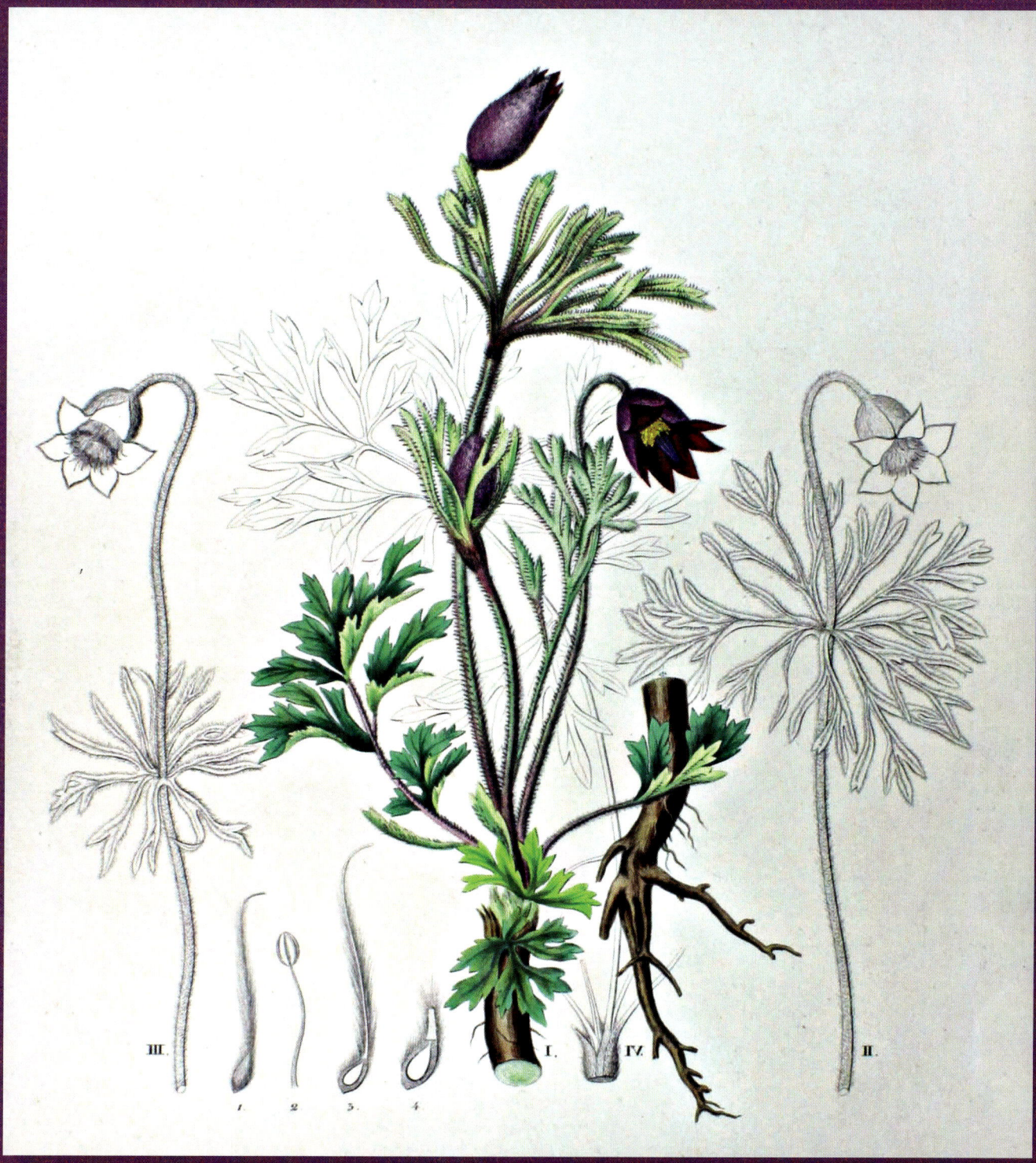

In der Blumensprache stehen Anemonen für die Betrübnis über die Abwesenheit
einer geliebten Person und signalisieren den Wunsch, diese möge bald zurückkehren.

KAMPF DEM UNKRAUT

Warum überhaupt Gärten? Wäre es nicht vernünftiger, die Natur einfach gewähren zu lassen? Wozu „der Verteidigungskrieg, den wir seit vier Jahren gegen die Natur führen?", fragte sich auch Harold Nicolson in jenen Jahren, als er und seine Frau Vita Sackville-West ihren heute weltberühmten Garten Sissinghurst aufbauten. Doch die leidenschaftliche Gärtnerei ist eine unheilbare Krankheit. Und so kommt Jahr für Jahr die Zeit, wo wir „in unseren wenigen freien Stunden auf den Boden gesetzt werden, um diese schrecklichen Invasoren aus der Erde zu scharren, zu ziehen und zu klopfen".

Nicolson erkannte, dass Untergraben das Unkraut nur zum Wiederkommen einlädt. Mit britischer Ironie beschreibt er die weitaus beste Taktik im Kampf mit dem Unkraut, „die Geduld erfordert, aber keinen übermäßigen Eifer, und mit der man ohne übertriebene Anstrengung drei Quadratmeter in ebensoviel Stunden säubern kann [!]… sie ist gleichermaßen wohltuend für Boden und Geist. Dabei wird nicht nur das Unkraut ganz herausgedreht, sondern es bildet auch den Charakter, wenn man eine stumpfsinnige Aufgabe sorgfältig erledigt [!]. Das Unkraut … nimmt man sich bei diesem langsamen Prozess einzeln vor, jeder kleine ausgerupfte Halm wird zu einer Gewissensfrage, denn ihn nicht auszurupfen, ist eine moralische Niederlage; man hat das Gefühl, etwas geleistet zu haben, wenn die feinste Pfahlwurzel wie eine Mohrrübe aus dem Erdreich herausgedreht worden ist."

Für Harold Nicolson war Jäten trotzdem kein reines Vergnügen, im Gegenteil – er empfand wohl eher Gefühle wie Resignation und Trotz. Die zuweilen überbordende Vitalität seiner Gattin hingegen wurde durch deren Vornamen Vita ausgesprochen passend getroffen. Gerade der Garten gab Anlass zu mancherlei kontroversen Betrachtungen, bei denen Harold häufig unterlag. Am 30. September 1933 hielt er in seinem Tagebuch fest: „Ich versuche, die Perspektive des Gemüsegartens durch Verlängerung der gepflasterten Wege zu erweitern, stoße aber auf Artischocken und Vitas Entrüstung. Danach betrübt Unkraut aus dem Rasen gejätet. Wir haben eine Diskussion über die Rechte der Frauen."

 AUCH GEFRORENES WASSER KANN EIN UNANGENEHMER GEGNER FÜR DEN GARTENFREUND SEIN. SIEHE SEITE 87.

148

Alle Garten- und Literatur-Freunde sollten Harold Nicolson dankbar sein, dass er seiner Vita – hier in einem Porträt von William Strang aus dem Jahr 1918 – ein kongenialer Partner in allen Lebenslagen und Wirrnissen ihrer Beziehung war. Ihr Geschick für geometrische Gestaltung von Gartenräumen schuf den einzigartigen Garten von Sissinghurst.

DER GARTEN – EIN TEURES KUNSTWERK

„Der Garten zuerst … Silber und Kristall funkelten im Grün …"
Annette Kolb, Die Schaukel

In ihrem autobiografischen Roman *Die Schaukel* beschrieb die Schriftstellerin Annette Kolb 1934 ihren Vater, den Gartenbaudirektor Max Kolb, illegitimen Sohn des bayrischen Königs Max II. Joseph und einer Zofe, Leiter des Botanischen Gartens in München, bei der Anlage eines Gartenjuwels für eine „Frau James …, weitgereist und von hoher Bildung": „Den Hof ihres Stadthauses, in dem lediglich einige Bäume standen, hatte er für sie in einen Garten umgestaltet. Die hohe, von Efeu umrankte Brandmauer des Nebenhauses wirkte jetzt als Hintergrund wie ein grüner Fels. Zwischen alten Ulmen und Linden verlor sich ein Weg in geträumte Fernen. Tiefer unten Beete, Rasenflächen, neue Perspektiven: ein Meisterwerk der Beschränkung …, eine einzige wundervolle Vorspiegelung von Weiten, die, rein ideell, nur in der Wirkung lagen."

Max Kolb – im Roman „Herr Lautenschlag" – sah sich als Künstler. So wie die oberste Schicht eines Gemäldes von Monet die darunter liegende Vorzeichnung zudeckt, sah man auch Kolbs fertigem Garten die aufwändigen Umpflanzungen und das Herantasten an die endgültige, die vollkommene Lösung nicht an. Doch die von der Auftraggeberin zu begleichenden Rechnungen offenbarten die Wahrheit: „Allein nicht zweimal, mehr als dreimal so hoch war er ihr zu stehen gekommen … Eines Tages, da sie Ziffern und Zahlen mit ihm durchsprach, bemerkte sie mit Staunen, dass er sich verwirrte wie einer, der ertappt wird, und vor Aufregung in ein gleichsam greisenhaftes Zittern verfiel … Ja, er war teuer. Man hatte sie nicht umsonst gewarnt." Man darf vermuten, dass die Endabrechnung berühmter Werke der Kunstgeschichte – zwar entsprechend den beteiligten Temperamenten verschieden – ähnlich abgelaufen sein dürfte. Frau James sah es wohl auch so, denn: „… nicht nur nach der Höhe der Gesamtspesen wertete sie den Scheck, den sie ihm ausstellte, auf, … sondern sie schlug auch ihre nimmermüde Freude an den heimlichen Reizen dieses Gartens hinzu. Herr Lautenschlag vergaß ihr das nie."

So war es dem Gestalter und seiner Kundin vergönnt, ihren gemeinsam errungenen Garten in beschaulicher Muße an einem wohlgedeckten Tisch zusammen zu genießen. „Oft saßen die beiden im Freien. Der Teetisch zog auf Rädern einher." Offenbar wurde sehr stilvoll Tee gereicht! „Silber und Kristall funkelten im Grün, es kochte und verdampfte das singende Wasser im Schatten. Auch durch ein Frühlingsgewitter, wie es heute zum ersten Male niederging, ließen sie sich nicht vertreiben; das breite Zeltdach war rasch gespannt, und nicht lange, so regten sich die Vögel wieder in den steilen Nestern des Efeufelsens, die Blumen flammten im Kreise, und es war ein Konzertieren ihrer Düfte mit den Düften einer erquickten und kostbaren Erde."

Man möchte dabeigewesen.

 GARTENGESTALTUNG KANN NICHT IMMER NUR – WIE HIER – BEGLÜCKEND SEIN, MANCHMAL IST SIE EHER UNERSPRIESSLICH, WIE AUF SEITE 146 NACHZULESEN IST.

DEUTSCHE BUNDESPOST ANNETTE KOLB 1875–1967

30

1975

Thomas Mann beschreibt Annette Kolb in seinem *Doktor Faustus* als
„von mondäner Hässlichkeit mit elegantem Schafsgesicht …"

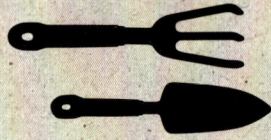

DER „WEISSE GARTEN"
DER VITA SACKVILLE-WEST

Schon Gertrude Jekyll hatte 1914 in dem Kapitel „Gardens of Special Colouring" ihres Klassikers *Colour Schemes for the Flower Garden* nahezu monochrome Beete vorgeschlagen, wie den „Gold Garden" mit den vorherrschenden Pflanzen „Golden King Holly", einer Stechpalmenart, und gelben Potentillas, und diesen auch realisiert: „Selbst wenn man an trübsten Tagen den ‚Gold-Garten' betritt, ist es, als käme man in vollen Sonnenschein."

Doch alle späteren monochromen Gartengestaltungen gehen auf den „Weißen Garten" der Schriftstellerin und engen Freundin von Virginia Woolf, Vita Sackville-West zurück, die ihren später so berühmten Einfall, in Sissinghurst einen Garten nur in Weiß zu bepflanzen, 1939 ganz unprätentiös so beschrieb: „Der Löwenteich wird abgelassen. Ich habe einen, wie ich hoffe, ganz hübschen Plan für ihn: nur weiße Blüten, mit ein paar Tupfern von blassem Rosa; weiße Clematis, weißer Lavendel, weiße Schmucklilien, weiße gefüllte Schlüsselblumen, weiße Anemonen, weiße Kamelien, weiße Lilien, in einer Ecke Himalaja-Lilien und die zart pfirsichfarbene *Primula pulverulenta* [d.h. Etagenprimel]."

Es ist nicht zu erkennen, ob Vita den grandiosen Erfolg ihres „hübschen Plans" voraussah. Der eher kleine und intime *Weiße Garten* von Sissinghurst, in England berühmt wie kein anderer, wurde Vorbild für unzählige Farbengärten. Man pflanzte nicht mehr bunt, sondern in seiner Lieblingsfarbe.

Seit einigen Jahren bieten deutsche Gartencenter eine Blumenzwiebel-Frühjahrsbepflanzung in den Farben Weiß, Blau oder Violett an.

 ÜBER GERTRUDE JEKYLL, VITA SACKVILLE-WESTS VORGÄNGERIN, KÖNNEN SIE AUF SEITE 96 MEHR EBFAHREN.

Vita Sackville-Wests „Weißer Garten". Im Hintergrund ragen die beiden Türme der Ruine von Sissinghurst Castle auf. Die weite Fläche bietet jätenden Gartenfreunden ein reiches Betätigungsfeld.

UNMORALISCHES INTERMEZZO

„Nun, da die Fliederbüsche wieder blauen,
Wie liegt sich's lind im Garten hinterm Haus!
Man raucht und träumt. Zwei gutgelaunte Frauen
Gehen hin und her und hängen Wäsche aus.
…
Oho! Nun bildet sich ein wüster Knäuel!
Das quietscht und blustert, Arm in Arm gepresst!
Die Unterhosen dünkt's mit Recht ein Gräuel.
Sie streben voller Abscheu nach Südwest.

Man selber ist wie auf das Maul geschlagen
Und recht aus tiefstem Herzensgrund verstimmt.
Was soll man zu dem Menschentreiben sagen,
Wenn sich sogar die Wäsche so benimmt!?"
Dr. Owlglass

Im Winde wehende Dessous wecken in vielen Zeitgenossen erotische Gefühle. Das Aufhängen von Wäsche in Gärten ist daher in puritanischen Gegenden der USA streng verboten und wird unnachsichtig geahndet. Doch mit dem millionenfachen Einsatz elektrischer Wäschetrockner beginnen neue, mit härtesten Bandagen ausgetragene juristische Konflikte. In Folge des Engagements von Al Gore, dem ehemaligen Vizepräsidenten der USA und Friedensnobelpreisträger, hat sich auch in den Vereinigten Staaten herumgesprochen, dass deren Gebrauch angesichts des reichlichen Vorkommens von Wind und Sonne eine gigantische Verschleuderung von Energie darstellt und wegen der Klimakatastrophe nicht zu verantworten ist. Doch die ländlichen Ordnungskräfte der USA schätzen die von trocknender Wäsche ausgehende sittliche Gefährdung als wesentlich höher ein und widersetzen sich bisher mit Erfolg jeder Lockerung dieses Verbots. Das wiederum hat Anwälte auf den Plan gerufen, die für alle amerikanischen Freunde luftgetrockneter Wäsche und Tausende von Umweltaktivisten mit Sammelklagen für die Freiheit der Wäscheleine zu Felde ziehen wollen.

 GARTENBESITZER, DIE VON IM WIND FLATTERNDER WÄSCHE ERREGT WERDEN, SOLLTEN MIT DEN „RELIGIÖSEN" GÄRTEN AUF SEITE [78] ETWAS FÜR IHR SEELENHEIL TUN.

155

HERMANN HESSE, DER ALTE BAUM UND DER TOD

Der Literatur-Nobelpreisträger Hermann Hesse (1877–1962), der 1939 ein 11.000 Quadratmeter großes Grundstück auf einem Südhang oberhalb von Montagnola in der Schweiz erworben hatte – Weinberg, Beet für Blumen, Erdbeeren, Gemüse und Salat –, richtete an eine imaginäre Fee die ins Gedichtgewand gekleidete Bitte: *Der Gärtner träumt.* Zwar bleibt der Traum unerfüllt, doch Hesse spricht jedem Gartenbesitzer zutiefst aus der gequälten Seele, wenn er wünschend dichtet:

„Was hat die Traumfee in der Wunderbüchse?
Vor allem ein Gebirg' vom besten Mist!
Dann einen Weg, auf dem kein Unkraut wüchse,
Ein Katzenpaar, das keine Vögel frißt.
…
O Fee, und mache, dass uns Wasser flösse
An jedem Ort, den wir bepflanzt, besät;
Gib uns Spinat, der nie in Blüten schösse
Und einen Schubkarrn, der von selber geht!

Und eines noch: ein sichres Mäusegift,
Den Wetterzauber gegen Hageltücken,
Vom Stall zum Hause einen kleinen Lift,
Und jeden Abend einen neuen Rücken.

Doch wozu denn überhaupt diese nie endende Mühsal? Hesse beantwortet die Frage woanders selbst: Weil er – und ebenso auch wir – mithilfe des Gartens aus den Unbilden unserer eigenen Zeit zu entfliehen vermögen. „Die Welt gönnt uns wenig mehr, sie scheint oft nur aus Radau und aus Angst zu bestehen, aber Gras und Bäume wachsen doch noch." Doch muss die Plage des Gärtners wirklich ewig, ewig weitergehen? Der sonst so optimistische Hesse verneint – nach dem Sturz eines alten Baums:
„Ich konnte mich diesmal nicht zum Nachpflanzen entschließen … es wehrte sich etwas in mir dagegen, auch hier und diesmal den Kreislauf zu erneuern, das Rad des Lebens aufs Neue anzutreiben, dem gefräßigen Tode eine neue Beute heranzuzüchten. Ich mochte nicht. Die Stelle sollte leer bleiben."

Auf dieser Postkarte um 1900 schleppt ein müder alter Friedhofsgärtner eine kahle Trauerweide zum frischen Grab.

BILDNACHWEIS

Der Verlag hat sich bemüht, in allen Fällen die Urheber der Abbildungen ausfindig zu machen. Sollte es dennoch Abweichungen geben, sind wir für entsprechende Hinweise dankbar. Für Irrtümer und Fehler kann keine Haftung übernommen werden.

Bildarchiv Preußischer Kulturbesitz: *12/13:* bpk / Museo del Prado, Madrid / Lutz Braun, *16 u.:* bpk, *36:* bpk / RMN / Versailles, châteaux de Versailles et de Trianon / Hervé Lewandowski, *40/41:* bpk / RMN / Orléans, musée des Beaux-Arts, *42 links:* bpk / Kunsthistorisches Museum Wien / Hermann Buresch, *rechts:* bpk / RMN / Castello Sforzesco, Mailand / Mauro Magliani, *45 u. links:* bpk / Internationale Stiftung Mozarteum, Salzburg / Alfredo Dagli Orti, *46 links:* bpk / Kupferstichkabinett SMB / Jörg P. Anders, *46/47:* bpk, *47 rechts:* bpk / Centre Pompidou-CNAC-MNAM, Paris / Philippe Migeat / VG Bild-Kunst, *50 o. links:* bpk, *59:* bpk / RMN / Musée du Louvre / Daniel Arnaudet, *60:* bpk / RMN / Chateaux de Malmaison et Bois-Préau, Malmaison / Daniel Arnaudet / Jean Schormans, *61 o.:* bpk / Bayerische Staatsbibliothek , *63 u.:* bpk / RMN / Musée du Louvre, Paris, *68 u.:* bpk / RMN / Chateaux de Malmaison et Bois-Préau, Malmaison / Daniel Arnaudet / Jean Schormans, *80:* bpk / SBB, *83 links:* bpk / Kunstbibliothek SMB / Knud Petersen, *rechts:* bpk, *85:* bpk / Maison de Blazac, Paris / Felicien Faillet, *105:* bpk / Schloss Herrenchiemsee

Klassik Stiftung Weimar: *50 o. rechts, 94 , 97*

istockphoto: *17 u. links, 27 o., 37 o. rechts, 45 u. rechts, 95* (Pudel), *138 u.*

Bildarchiv Foto Marburg: *25 o., 31 o. rechts, 61 u., 103, 117 2x, 141 o.*

Bridgeman Art Library: *63 rechts, 141 u.* (Hermitage St. Petersburg, Russland, Ausschnitt), *149* (Art Gallery and Museum, Kelvingrove, Glasgow, Scotland / Glasgow City Council)

Aus dem Archiv des Autors: *14 2x, 16 rechts, 20, 31 u. rechts, 45 o., 64 3x, 66 2x, 89 o., 93 3x, 101 4x, 109, 113 4x* (*o. links:* Victor Thomaschitz, Das Haus auf der Insel, Österreichische Fleischhauer- und Fleischselcher-Zeitung, Wien, 1928, *o. rechts:* Ira Pera, Die rote Nacht, Mitteldeutsche Verlagsanstalt, um 1925, *u. links:* Henry Holt, Die Tongabohne, Gold-mann Verlag, Leipzig 1937, *u. rechts:* Michel und André Couvreur, Mit Luchsaugen, Verlag J. Engelhorn, Stuttgart 1914), *115 rechts* (Arthur Winckler Tannenberg, Ein Schritt ins Unrecht, Uhlmann Verlag, Berlin 1919), *115 links, 123 4x, 127, 129 2x, 131, 133 2x, 136, 137 u., 138/139, 143 2x, 151, 154, 155, 157*

Prof. Dr. Otto Wilhelm Thomé, Flora von Deutschland, Österreich und der Schweiz, Gera 1885: *33 links, 77 o. links, 99*

Dr. Schuberts Naturgeschichte des Pflanzenreichs, 4. Auflage, 1887: *10 o. rechts, 57 links u. o., 79, 111 2x, 121*

August Stukenbrok Einbeck, Illustrierter Hauptkatalog, 1912: *50 und 51* (Illustrationen), *73 Mitte, 137 o.* (Zwerg)

Sears, Roebuck & Co. Catalogue, 1897, 100th Anniversary Edition: *70* (3 x Rasenmäher)

Andere Quellen: *6:* aus Das Häusliche Leben. Schattenbilder von Rudolf Koch, Insel Bücherei Br. 124, *8:* The Marquess of Hamilton, *10 o. links:* aus Pretiosissimum Donum Dei [per] Georgium Anrach (17. Jahrhundert). Bibliothèque de l'Arsenal, Paris, Ms. 975, f.14, *u.:* aus Jacob Sturm, Deutschlands Flora in Abbildungen, 1796, *18/19:* Leonid Dzhepko http://creativecommons.org/licenses/by/3.0/deed.de, *24/25:* Andrew Lawson, *25 o. rechts:* SLUB Dresden / Deutsche Fotothek / Thomas Görner, *25 u.:* 2x aus J. Keplers Opera Omnia, Ed. Chr. Frisch, Bd. 1, Frankfurt 1858, *28:* Norton Simon Art Foundation, *31 o. links:* G. Jansoone, *34:* Galerie Sanct Lucas, *36 Hintergrund:* Bibliothèque nationale de France, *39:* Walker Art Gallery, National Museums of Liverpool, *48:* aus Biesalski, Scherenschnitt und Schattenriss, Callwey 1964, (Wahrscheinlich: Philipp Otto Runge: Familienbild), *52:* Tiroler Landesmuseum Ferdinandeum, Innsbruck, *54:* Österreichische Nationalbibliothek, *57 Mitte:* Schweizerische Nationalbibliothek/NB, Bern, *61 u.:* Österreichische Nationalbibliothek, *68 o.:* aus Über Land und Meer, 1869, Jg. 11, Nr. 32, *77 o. rechts:* aus Leonhart Fuchs: Neues Kräuterbuch, Basel 1543, Reprint von Taschen 2001, *71:* aus M. Neumann's Glashäuser aller Art, Bauverlag 1984, Reprint der Originalausgabe von 1852, *86:* Ralf Nestmeyer, *89 und 90/91:* aus Konditoreibuch von Karl Krackhart, Heinrich Killinger Verlag, vermutl. um 1910, *97 Mitte:* National Portrait Gallery, *u.:* aus Getrude Jekyll's Colour Schemes for the Flower Garden by Gertrude Jekyll and illustrated by Charlotte Wess published by Frances Lincoln Ltd, copyright © 1988 Reproduced by the permission of Frances Lincoln Ltd, *106 u.:* Bayerische Verwaltung der staatlichen Schlösser, Gärten und Seen, *o.:* Wittelsbacher Ausgleichsfond München, *119:* 2 x Étienne Clémentel, *125 o. links:* Marianne Majerus, *u. links:* Elena Chochkova, *u. rechts:* Foto Insel Verlag, *134:* aus Gartenlust, Hg. Gerda Gollwitzer, Prestel 1956, *145 o.:* 2 x Erica Lennard, *147:* aus Flora Japonica, Sectio Prima (Tafelband), 1870, Philipp Franz von Siebold und Joseph Gerhard Zuccarini, *148 und 149* Scherenschnitt: aus Das Häusliche Leben. Schattenbilder von Rudolf Koch, Insel Bücherei Br. 124, *153:* Gary Rogers

LITERATURVERZEICHNIS

Bayerische Schlösserverwaltung (Hrsg.): Die Roseninsel im Starnberger See. München 2006

Bengen, Etta: Lexikon der Gartenzwerge, Köln 2007

Beuchert, Marianne: Symbolik der Pflanzen. Von Akelei bis Zypresse. Frankfurt/Main, Leipzig 1995

Burnett, Frances H.: Der geheime Garten. München 2007

Busch, Wilhelm: Das goldene Wilhelm-Busch-Album. Hannover 1959

Caroll, Lewis: Alice hinter den Spiegeln. Frankfurt/Main 1963

Die Kunstzeitschrift 12/1981. Zürich

Dumas, Alexandres: Die Kameliendame. München 1993

Elliott, Brent: Flora: Der Duft der Ferne. Kunstwerke aus dem berühmten Archiv der Royal Horticultural Society. München 2001

Fell, Derek: The Magic of Monet´s Garden. His Planting Plans and Colour Hamonies. London 2007

Finken, Kriemhild; Rotbuche und Steineiche. Laubbäume in alten Bildern und Geschichten. Ostfildern 2007

Girouard, Mark: Das feine Leben auf dem Lande. Architektur, Kultur und Geschichte der englischen Oberschicht. Frankfurt/New York 1989

Gothein, Marieluise: Geschichte der Gartenkunst. 2 Bde. Jena 1926

Hasselhorst, Christa: Meister der Gartenkunst. Die großen Gärten Europas und ihre Schöpfer. Berlin 2004

Heilmeyer, Martina: Die Sprache der Blumen. Von Akelei bis Zitrus. München 2002Herer, Jack: Hanf. Die Wiederentdeckung der Nutzpflanze. Frankfurt/Main 1993

Hesse, Hermann: Freude am Garten. Frankfurt/Main 1989

Hücking, Renate: Süchtig nach Grün. Gärtnerinnen aus Leidenschaft. München, Zürich 2007

Jekyll, Gertrude: Colour Schemes for the Flower Garden. London 1988

Jelaffke, Cordula: Fürst Pückler. Berlin 1993

Kohlmaier, Georg/von Sartory, Barna: Das Glashaus. München 1981

Krausch, Heinz-Dieter: „Kaiserkron und Päonienrot ...“ Von der Entdeckung und Einführung unserer Gartenblumen. München 2007

Kulturstiftung Dessau Wörlitz (Hrsg.): Der Vulkan im Wörlitzer Park. Berlin 2005

Lablaude, Pierre-André: The Gardens of Versailles. Paris 1995

Lack, H. Walter: Ein Garten Eden. Meisterwerke der botanischen Illustration. Köln 2001

Lennard, Erica/Premoli-Droulers, Francesca: Dichter und ihre Häuser. München 1995

Mansfield, Katherine: Sämtliche Erzählungen. Frankfurt/Main, Wien 2003

Mazzoni, Ira Diana: 50 Klassiker Gärten und Parks. Hildesheim 2005

Murat, Laure: Paris, Stadt der Dichter. München 1979

Nestmeyer, Ralf: Französische Dichter und ihre Häuser. Frankfurt/Main, Leipzig 2005

Orsenna, Erik: Portrait eines glücklichen Menschen. Der Gärtner von Versailles. München 2004

Palmengarten der Stadt Frankfurt/Main (Hrsg.): Grünes Gold. Abenteuer Pflanzenjagd. Frankfurt/Main 2001

Sackville-West, Vita: Aus meinem Garten. Einfälle und Ratschläge. München 14. Auflage 2002

Sackville-West, Vita/Nicolson, Harold: Sissinghurst. Portrait eines Gartens. Frankfurt/Main, Leipzig 2006

Schneider, Norbert: Stilleben. Realität und Symbolik der Dinge. Köln 1989

S.K.H. Der Prinz von Wales/Stephanie Donaldson: Highgrove, Clarence Hall, Birkhall. Königliche Biogärten. Herford 2007

Stein, Hartwig: Inseln im Häusermeer. Eine Kulturgeschichte des deutschen Kleingartenwesens bis zum Ende des Zweiten Weltkriegs. Frankfurt/Main 2000

Van der Goes, André: Tulpomanie. Die Tulpe in der Kunst des 16. und 17. Jahrhunderts. Dresden 2004

Willsdon, Clare: In den Gärten der Impressionisten. Stuttgart 2004

Winters, Nancy: Die Eroberung des Himmels. Das Leben des Flugpioniers Alberto Santos-Dumont. München, Zürich 1999

von Mackensen, Ludolf: Die erste Sternwarte Europas mit ihren Instrumenten und Uhren, München 1988

Woods, May/Warren, Arete: Glass Houses. London 1990

Der Autor bedankt sich herzlich bei Sabine Kinder für die Korrekturen.

IMPRESSUM

© 2009 Verlag Georg D.W. Callwey GmbH & Co. KG
Streitfeldstraße 35
81673 München
www.callwey.de
E-Mail: buch@callwey.de

Die Deutsche Nationalbibliothek verzeichnet diese Publikation in der Deutschen National-
bibliografie; detaillierte bibliografische Daten sind im Internet über <http://dnb.ddb.de>
abrufbar.
ISBN 978-3-7667-1756-6

Lektorat: Katrin Pollems-Braunfels
Umschlaggestaltung: Lucie Schmid, independent Medien-Design
Layout und Satz: Claudia Diem, Mathias Frisch, independent Medien-Design, München
Druck und Bindung: Fotolitho Longo, Bozen
Printed in Italy